LES DROITS POLITIQUES

DANS

L'ÉLECTION

ÉTUDES CONTEMPORAINES.

Ont déjà paru :

Sous presse :

Pour paraître prochainement :

On trouve à la même Librairie :

IMPRIMERIE DE BEAU, A SAINT GERMAIN-EN-LAYE.

ÉTUDES CONTEMPORAINES

LES DROITS POLITIQUES

DANS

L'ÉLECTION

PAR

ÉDOUARD DE SONNIER

AVOCAT A LA COUR DE PARIS

PARIS

H. DUMINERAY, ÉDITEUR,

78, rue Richelieu ,

Et chez les principaux Libraires de Paris, de la France
et de l'Étranger.

1861

INTRODUCTION

La législation sortie du 2 décembre avait restreint à un tel degré les libertés dont la France avait l'habitude, que les citoyens, privés de leurs moyens ordinaires de discussion et s'exagérant leur impuissance, s'étaient détournés de la politique. Les esprits d'ailleurs étaient plus disposés à chercher un repos qui leur semblait nécessaire après tant d'agitations, qu'à revendiquer les moyens d'exercer une action régulière sur les destinées du pays.

Cette situation a changé ou du moins elle semble
près de changer. La France n'est point agitée, mais
elle est éveillée et émue ; les traditions de liberté
conservées dans ses mœurs, l'influence des événements accomplis autour d'elle, ont ranimé peu à
peu à la vie publique. Rarement en effet tant de
grandes questions se sont à la fois dressées devant
un peuple.

A l'extérieur, de nouveaux principes prévalent
dans le droit public de l'Europe ; les nationalités
ébranlent les vieux remparts que la diplomatie
avait élevés pour les contenir ; la souveraineté des
papes menace d'entraîner dans sa chute la constitution temporelle de l'Eglise ; la politique impuis-
sante et divisée proclame partout le laisser-faire
pour éloigner les conflits, et la paix ou la guerre
n'en restent pas moins à l'ordre du jour de tous les
gouvernements. Sur les bords du Danube, la plus
despotique des monarchies cherche son salut dans
les institutions représentatives. Partout la liberté
triomphe au delà de nos frontières.

L'intérieur a aussi ses préoccupations. La Constitution proclame et garantit les principes de 1789,
mais elle a remis au temps le soin de les développer. Selon les propres paroles de son auteur,
« la Constitution n'a fixé que ce qu'il était im-
» possible de laisser incertain, elle n'a pas enfermé

» dans un cercle infranchissable les destinées d'un
» grand peuple; elle a laissé aux changements une
» assez large voie pour qu'il y ait, dans les grandes
» crises, d'autres moyens de salut que l'expédient
» désastreux des révolutions. »

Le temps des améliorations est venu, et pour les provoquer, il semble inutile d'attendre *les grandes crises*. La liberté demande une place plus large dans la loi.

La situation économique n'appelle pas moins l'attention. L'industrie a vu changer ses conditions d'existence, de nouveaux traités de commerce peuvent encore les déplacer; nos budgets grossissent sans cesse, et les dépenses semblent s'élever plus rapidement que les impôts; la dette publique s'est accrue, en huit années, de plus de deux milliards, celle des villes suit une progression non moins rapide; l'amortissement ne fonctionne plus; des contributions nouvelles sont établies sur les valeurs mobilières, le décime de guerre survit au rétablissement de la paix. On parle de la suppression des octrois, ce serait un premier pas vers une transformation de l'impôt.

Jamais donc les intérêts privés ne se sont trouvés plus mêlés aux intérêts publics. Guerre, liberté, religion, industrie, finances, tout est engagé dans les discussions du jour. L'égoïsme des satisfactions individuelles ne peut plus fournir un prétexte à l'indifférence.

Tant de complications ont enfin troublé notre quiétude, et reportant nos regards vers nos institutions, nous nous sommes demandés dans quelle mesure il nous était permis d'influer sur nos propres affaires.

Le Gouvernement lui-même a compris la gravité de la situation dont il portait le fardeau, il a senti la nécessité d'appeler la nation à prendre une part plus grande dans la responsabilité de ses destinées. Le décret du 24 novembre a étendu les pouvoir des Chambres, il leur a permis d'exposer, dans une adresse à l'Empereur, les vœux et la situation du pays, et de publier des comptes rendus exacts de leurs séances. L'administration a promis à la presse un supplément de tolérance.

On a beaucoup discuté sur les institutions nouvelles; elles auront la portée que le pays saura leur donner. La puissance d'une assemblée périodiquement renouvelée par l'élection, est moins dans les attributions qu'elle tient de la loi, que dans la liberté qui préside à sa formation ; elle est dans l'importance que les citoyens attachent à ses délibérations, dans le rôle qu'ils lui assignent, dans cet échange incessant de communications que la publicité établit de l'opinion à la Chambre, de la

Chambre à l'opinion. C'est dans les mœurs publiques, dans les discussions qui éclairent les électeurs
sur leurs intérêts et sur leurs choix, qu'il faut chercher la vérité et la force des institutions représentatives. Pour que les intentions de l'auteur du décret du 24 novembre ne restent pas stériles, la première condition c'est que les élections, accomplies
dans une entière liberté, soient l'expression sincère
et complète de la volonté du pays.

L'élection est donc le grand intérêt du temps, la
question dans laquelle se résument toutes les autres questions.; elle ne donne pas seulement la force
du nombre et le pouvoir d'agir, elle donne la parole dans tous les conseils où se débattent les intérêts publics et le pouvoir de persuader. Dans les
États les plus démocratiques l'importance des opinions ne se mesure pas seulement en comptant les
multitudes , la raison et le talent ont aussi leur
autorité et finissent par conquérir le nombre.

Aussi l'abstention est aujourd'hui généralement
condamnée. L'usage des droits politiques est une
des nécessités de notre temps.

Mais ce qui arrête un grand nombre de citoyens,
c'est l'ignorance de leurs droits. Parce que le domaine de la liberté est peu étendu, on hésite à s'y
aventurer; de peur de se tromper, beaucoup de
personnes craignent d'agir.

On sait d'ailleurs quels changements profonds les principes opposés qui ont dominé nos divers gouvernements, ont apportés dans notre droit public. Bien des lois se sont succédé sans s'abroger entièrement, chacun des systèmes écroulés a laissé quelques-uns de ses fragments debout. Souvent c'est dans ces ruines qu'il faut chercher les libertés qui nous restent. Pour user de ses droits, il faut être aujourd'hui un peu légiste.

Nous nous sommes donc proposé de mettre la législation à la portée de tous, en exposant aussi simplement que possible les parties de notre droit public qui ont quelque rapport avec l'élection.

Mais l'élection n'est pas seulement l'œuvre des jours qui précèdent le scrutin ; c'est dans l'influence des événements et des opinions, dans le mouvement des mœurs et des idées, qu'il faut chercher les causes qui la décident. Les luttes de la parole et de la presse n'ont en définitive qu'un seul but : faire prévaloir des principes, exercer une action sur la société et sur le gouvernement, les diriger dans telle ou telle voie ; si l'on cherche à gagner la majorité à ses idées, c'est pour la rallier autour de ses candidats.

Plus le suffrage est étendu, plus il faut de temps pour que l'enseignement y pénètre. Toute opinion qui prétend exercer quelque influence sur le pays

est tenue de faire incessamment appel au public ;
celle qui se réfugierait dans le domaine de la spé-
culation aurait bientôt disparu de la scène. Peu
d'hommes de notre temps étudient les questions
politiques ; le peuple ne voit que les faits et ne juge
les idées que sur leurs manifestations de chaque
jour.

Ainsi, toutes les formes de la liberté publique se
trouvent engagées dans l'élection, et c'est l'usage de
leurs droits politiques que nous devons enseigner
aux citoyens. Le meilleur moyen d'obtenir les libertés qui nous manquent, c'est d'apprendre à
nous servir de celles que nous avons.

Exposer la législation au point de vue des facilités
qu'elle laisse, indiquer aux électeurs et aux candidats le parti qu'ils en peuvent tirer, tel est le but de
ce travail.

Ceux qui ont l'habitude de la politique ou du
droit, peuvent passer bien des choses que nous avons
cru devoir développer avec soin : nous écrivons
pour tous ; les notions les plus simples sont souvent
ignorées du plus grand nombre.

Nous nous sommes scrupuleusement abstenu
de toute appréciation. Nous faisons ressortir le
côté favorable à la liberté d'une législation que
nous ne jugeons pas. Ce point de vue spécial nous
imposait certaines formes. On chercherait donc

à tort dans cet écrit l'expression de nos sentiments personnels ; il est exclusivement consacré à la défense du droit de tous, et peut être d'un égal usage aux diverses opinions qui, aspirant à prévaloir dans le pays, voudront prendre pour point de départ et pour règle les lois qui nous régissent.

10 mai 1861.

PREMIÈRE PARTIE

DES ÉLECTEURS

DES ÉLIGIBLES

ET DES LISTES ÉLECTORALES.

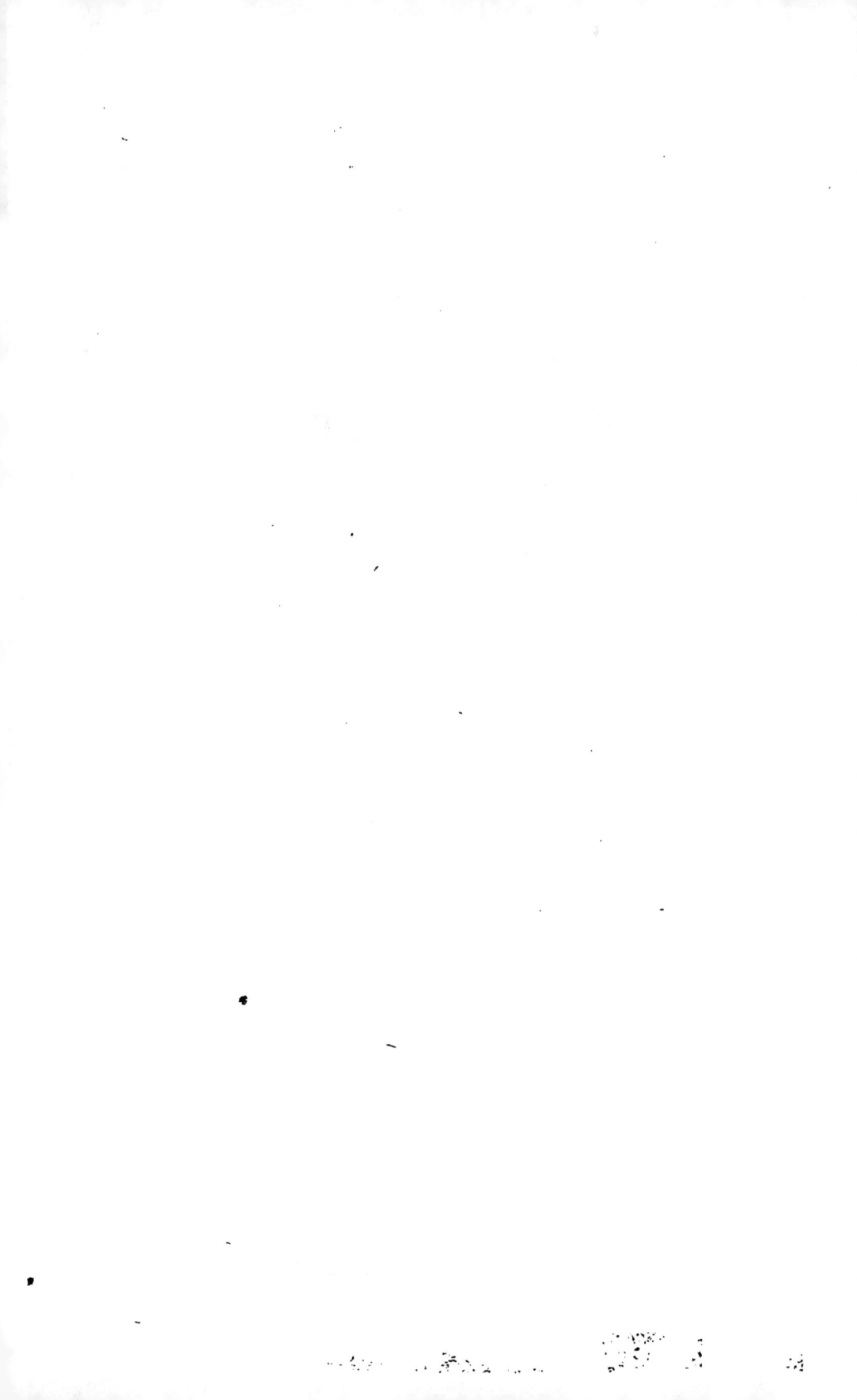

PREMIÈRE PARTIE

DES ÉLECTEURS. — DES ÉLIGIBLES ET DES LISTES ÉLECTORALES.

I

DES ÉLECTEURS ET DES ÉLIGIBLES.

1

Des Électeurs.

Tout Français âgé de vingt-un ans accomplis a la jouissance des droits civils et politiques ; il est citoyen français.

Tout citoyen français est électeur, sans aucune condition de cens.

Aucun citoyen ne peut être privé de ses droits politiques que par l'effet d'une condamnation judiciaire, ou d'une incapacité naturelle qui le mettrait hors d'état de les remplir, le dérangement d'esprit, par exemple.

Le vote a lieu à la commune.

Il n'y a plus de distinction entre le domicile réel et le domicile politique ; chacun exerce ses droits politiques au lieu de son domicile réel.

Pour être inscrit parmi les électeurs d'une commune, il faut y habiter depuis six mois au moins.

2

Des Éligibles.

Tout citoyen français âgé de vingt-cinq ans accomplis, ayant la jouissance des droits civils et politiques, est éligible à toutes les fonctions que l'élection peut conférer.

Les mêmes causes qui font perdre à un citoyen le droit de vote, le rendent indigne ou incapable d'être élu.

Toutefois, on peut être éligible sans être électeur, Si par erreur, ou faute d'un domicile suffisant, on ne se trouve inscrit sur aucune liste électorale.

Quelquefois, la loi astreint les candidats à des conditions de domicile, ou de cens à défaut de domicile, qui varient avec la nature de l'élection.

Elle prononce aussi certaines incompatibilités.

Ces conditions seront examinées pour chaque élection au chapitre spécial qui lui est consacré.

II

DES LISTES ÉLECTORALES.

Principes généraux. — Révision des listes électorales. —
Réclamations des citoyens. — Jugement des réclamations. — Appel des jugements. — Renvoi des parties
devant les tribunaux pour faire juger les questions
d'Etat. — Pourvoi en Cassation. — Dernières opérations. — Clôture des listes. — Incommutabilité des listes.

1

Principes Généraux.

La Liste électorale est le titre en vertu duquel les
électeurs exercent leurs droits ; chaque commune a
la sienne : elle est dressée par le maire, et comprend
par ordre alphabétique, les noms de tous les électeurs qui sont domiciliés dans la commune depuis
le temps fixé par la loi.

Les inscriptions sur la Liste doivent être individuelles et nominatives.

Les militaires, et les hommes qui appartiennent à l'inscription maritime restent, pendant le temps qu'ils passent au service de l'Etat, portés sur la Liste électorale de la commune où ils étaient domiciliés avant leur départ; mais ils ne peuvent prendre part au vote que lorsqu'ils se trouvent présents dans cette commune au moment de l'élection.

Nous avons dit que certaines condamnations judiciaires entraînent la privation des droits politiques. Quelquefois cette interdiction a lieu de plein droit, elle est la conséquence légale de la condamnation; dans d'autres cas, elle n'a lieu que lorsqu'elle est prononcée par le juge qui a la faculté d'attacher cette grave conséquence à la peine principale.

Le juge ne peut user de ce pouvoir que lorsque la loi l'y autorise par une disposition expresse. La privation des droits politiques est, en effet, comme toutes les peines, soumise à ce principe de droit que les dispositions pénales ne peuvent être étendues au delà des cas formellement prévus par la loi.

Les articles 15 et 16 de la loi électorale des 2-21 février 1852 présentent l'énumération des condamnations qui entraînent pour toujours ou temporairement l'interdiction des droits politiques.

Les Listes électorales sont permanentes ; ce principe a été regardé de tout temps comme la première garantie de leur sincérité. Aucun changement ne peut y être apporté que pour les raisons et dans les formes que nous allons indiquer.

Les Listes électorales sont déposées à la mairie de la commune, où chacun a en tout temps le droit de venir en prendre connaissance.

2

Révision des Listes.

La révision des Listes s'opère chaque année, du 1er janvier au 31 mars.

Cette révision comprend plusieurs opérations distinctes.

Du 1er au 10 janvier, le maire dresse le tableau des rectifications à opérer ; il ajoute :

1° Les citoyens qu'il reconnaît avoir été omis par erreur ;

2° Ceux qui, depuis la clôture de la Liste précédente, ont acquis la capacité électorale ;

3° Ceux qui, avant le 1er avril, acquerront les conditions d'âge et d'habitation exigées par la loi, c'est-à-dire qui auront, au 31 mars, vingt-un ans accomplis et six mois d'habitation dans la commune.

Il faut donc que l'habitation ait commencé, au plus tard, le 1er octobre précédent.

Il retranche :

1° Les individus décédés ;

2° Ceux qu'il reconnaît avoir été indûment inscrits ;

3° Ceux qui se trouveraient dans un des cas d'incapacité indiqués au paragraphe précédent, ou dont la radiation aurait été ordonnée par le juge de paix postérieurement à la clôture de la dernière Liste.

Si le maire est empêché, un adjoint ou un conseiller municipal le remplace.

Les changements à la Liste sont indiqués sur un tableau de rectification ; ce tableau, dit la circulaire ministérielle du 18 novembre 1853, doit comprendre deux parties distinctes, sous les titres : *Additions*, *Retranchements;* il sera quelquefois utile d'en ajouter une troisième sous le titre de *Rectifications*, pour des erreurs dans le nom, l'âge, etc., des électeurs inscrits.

Dans le cas de radiation ou de rectification, on aura soin de rappeler sur le tableau le numéro d'ordre de la Liste générale.

Le motif de la radiation sera mentionné succinctement, en regard du nom de l'électeur.

Le tableau ainsi dressé est déposé, le 15 janvier au plus tard, au secrétariat de la mairie, ainsi que la Liste électorale arrêtée au 31 mars précédent.

Le jour même de ce dépôt, des affiches doivent en donner avis au public, et faire connaître que tout citoyen a le droit de présenter ses réclamations dans les dix jours.

A partir de cette publication, le maire ne peut plus apporter à la Liste d'autres changements que ceux qui résultent de décisions rendues sur les réclamations des électeurs, de condamnations judiciaires et de décès régulièrement constatés.

Chacun peut aller prendre communication du tableau, le recopier et même le reproduire par la voie de l'impression.

Le maire dresse procès-verbal de l'accomplissement de toutes les formalités que nous venons de décrire ; une copie de ce procès-verbal et du tableau est envoyée au sous-préfet de l'arrondissement, qui la transmet au préfet dans les deux jours.

Si le préfet (dit la circulaire ministérielle) juge que les formalités et les délais prescrits par la loi n'ont pas été observés, il devra déférer les opérations du maire au conseil de préfecture, qui statuera dans les trois jours.

Si le conseil de préfecture annule les opérations, il fixe le délai dans lequel elles doivent être recommencées.

Ainsi, l'accomplissement des formalités destinées à assurer la publicité se trouve garanti ; les citoyens sont prévenus, et chacun peut aisément, en parcourant le tableau et en se reportant au numéro de la Liste, se rendre compte de toutes les rectifications opérées.

3

Des Réclamations.

Toutes les réclamations, tant contre la Liste que contre les modifications énoncées au tableau, doivent être formées dans un délai de dix jours, à partir de l'apposition des affiches ; le jour de la publication n'est pas compris dans ce délai.

Tout électeur omis sur la Liste a le droit de demander son inscription.

Tout électeur dont le maire annonce la radiation a le droit de demander son maintien.

Tout électeur inscrit sur une des Listes de la circonscription électorale (1) a le droit de réclamer la radiation ou l'inscription d'un électeur, mais il doit justifier de sa qualité d'électeur par un certificat du maire de sa commune.

---

(1) Il s'agit ici de la circonscription électorale la plus étendue, celle de l'élection au Corps Législatif.

Le même droit appartient au préfet et au sous-préfet.

Un registre préparé par le maire est ouvert pour recevoir toutes les réclamations. Si une ville comprend plusieurs cantons, le maire dresse autant de registres qu'il y a de cantons.

Les réclamations sont inscrites par ordre de dates, le maire en donne récépissé ; celles qui ont pour objet de provoquer une radiation doivent contenir l'énoncé des motifs sur lesquels elles se fondent.

Le maire avertit immédiatement l'électeur dont l'inscription est contestée, et lui transmet le résumé des motifs. Celui-ci a le droit de présenter sa défense par écrit.

Les extraits des actes de naissance nécessaires pour établir [l'âge des électeurs sont délivrés gratuitement sur papier libre à tout réclamant, ils portent en tête de leur texte l'énonciation de leur destination, et ne peuvent servir à une autre.

4

Jugement des Réclamations.

Les réclamations sont jugées par une commission composée, à Paris, du maire et de deux adjoints, partout ailleurs, du maire et de deux membres du conseil municipal désignés par le conseil.

Le maire préside la commission, dont les décisions sont prises à la majorité des voix, et doivent être motivées.

La circulaire ministérielle prescrit aux commissions de s'occuper des réclamations aussitôt qu'elles en ont reçu, et de statuer dans les cinq jours au plus tard de leur réception.

La décision est notifiée dans les trois jours aux parties intéressées par un agent assermenté, d'ordinaire un gendarme ou un garde-champêtre.

5

De l'Appel.

L'administration ne pouvait rester arbitre souverain du droit des citoyens, aussi la commission municipale ne statue qu'en premier ressort; s'il y a appel, l'autorité judiciaire redevient compétente, et c'est le juge de paix que la loi charge de rendre le jugement définitif.

L'appel doit être interjeté dans les cinq jours de la notification de la décision de la commission; il est formé par une simple déclaration sans frais au greffe de la justice de paix, cette déclaration n'est assujettie à aucune forme précise, elle peut même n'être pas signée, il suffit que son existence ne soit point douteuse (1).

A la différence de ce qui a lieu dans les procès ordinaires, les personnes qui ont été parties au

(1) Cassation, 30 juillet 1849.

débat devant la commission administrative, ne sont pas les seules qui puissent attaquer sa décision; le droit d'appel appartient à tous ceux qui auraient pu former la réclamation, c'est-à-dire à tous les électeurs de la circonscription électorale, au préfet et au sous-préfet. Les membres de la commission qui a statué en premier ressort, sont seuls exceptés : on ne peut être tour à tour juge et partie (1).

Le juge de paix rend son jugement dans les dix jours, sans frais et sans aucune procédure; il doit seulement appeler toutes les parties intéressées par un simple avertissement sans frais, donné trois jours à l'avance, à peine de nullité.

Le jugement est rendu en audience publique, il doit être motivé et contenir tous les éléments essentiels à la validité des décisions judiciaires.

(1) Cassation, 9, 14, 16 et 21 mai 1849.

6

Renvoi des parties devant les tribunaux pour faire juger les questions d'Etat.

Il peut arriver que la capacité électorale d'une personne dépende d'une question d'état ; on appelle ainsi les questions où l'état même de la personne, sa qualité de père, de fils, de citoyen français, par exemple, se trouve engagée.

De semblables questions étaient d'une gravité trop grande pour être laissées à la décision du juge de paix : ce magistrat doit renvoyer préalablement les parties à se pourvoir devant les juges compétents, mais comme le débat sur le droit de l'électeur ne peut être à dessein laissé en suspens, il fixe un bref délai, dans lequel la partie qui a élevé la question préjudicielle devra justifier de ses diligences.

Devant les tribunaux civils on procède sur la

question d'état, conformément aux articles 855, 856 et 858 du Code de procédure civile.

Cette question jugée, l'affaire revient au fond devant le juge de paix, seul compétent pour apprécier les conséquences que la solution doit avoir sur la capacité de l'électeur.

Le juge de paix doit dans les trois jours donner avis au maire et au préfet des infirmations qu'il a prononcées, c'est-à-dire de celles de ses décisions qui réforment les décisions de la commission.

Il faut, en effet, que le maire en soit informé pour opérer les rectifications ordonnées par le juge de paix, et le préfet, pour exercer son contrôle sur les opérations du maire.

7

Pourvoi en Cassation.

La décision du juge de paix est en dernier ressort, elle termine la contestation, mais elle peut être l'objet d'un pourvoi en cassation pour vice de forme, ou fausse application de la loi.

Le pourvoi n'est pas suspensif, c'est-à-dire que le jugement reçoit son exécution, sauf à opérer, s'il est cassé, une rectification sur la Liste.

A la différence de ce qui a lieu pour l'appel, les parties qui ont été en cause devant le juge de paix, ont seules le droit de se pourvoir contre sa décision; elles doivent le faire dans les dix jours de la notification qu'elles en ont reçue; ce délai expiré, elles ne sont plus recevables.

Le pourvoi est formé par une simple requête déposée au greffe de la justice de paix; on doit y joindre une copie du jugement: cette requête est dénoncée aux parties adverses dans les dix jours suivants.

Les pièces et les mémoires fournis par les parties sont transmis sans frais par le greffier de la justice de paix au greffier de la Cour de cassation.

Tous les actes judiciaires en matière électorale, sont dispensés de timbre et enregistrés gratis.

Le pourvoi n'est soumis à aucune consignation d'amende, le ministère d'un avocat à la Cour de cassation n'est point exigé, mais les parties sont libres d'y recourir, si bon leur semble, pour faire déposer leur requête et présenter leurs moyens.

Le pourvoi est jugé d'urgence et sans frais ; c'est la chambre des requêtes de la Cour de cassation qui statue définitivement ; si elle admet le pourvoi, elle renvoie les parties devant le juge de paix d'un canton voisin, qu'elle désigne pour prononcer sur le fond de la contestation.

8

Dernières opérations. — *Clôture de la Liste.*

Si le maire a, comme il le devait, publié le 15 janvier le tableau de rectification, les réclamations qui n'ont que dix jours pour se produire, ont dû être formées au plus tard le 25. La clôture de la Liste n'a lieu que le 31 mars, cet intervalle de cinquante-cinq jours se trouve rempli par les décisions de la commission municipale, les notifications, les appels devant le juge de paix ; il laisse aux pourvois le temps de recevoir une solution; enfin, il permet au'préfet de faire recommencer les opérations, si elles ont été jugées irrégulières par le conseil de préfecture.

Dans les jours qui précèdent le 31 mars, le maire opère toutes les rectifications ordonnées par la commission municipale ou par le juge de paix; en outre, il retranche les noms des individus dont le décès survenu depuis la publication du tableau est dûment constaté, et les noms de ceux qui, depuis la même époque, ont perdu le droit électoral par un jugement passé en force de chose jugée, c'est-à-dire qui n'est plus susceptible de recours ; mais il doit exiger, pour opérer ces retranchements, un extrait authentique du jugement ou de l'arrêt définitif.

Il ne peut faire d'autres changements.

A l'aide de tous ces éléments, le maire dresse en un seul contexte la Liste électorale, et le 31 mars il la termine par un arrêté de clôture.

Il transmet alors au préfet soit une copie de la
Liste entière, soit un deuxième tableau comprenant les rectifications définitives, dressé dans la
même forme que le précédent.

9

Incommutabilité des Listes.

La Liste ainsi arrêtée reste, jusqu'au 31 mars de
l'année suivante, déposée au secrétariat de la
commune, où chacun a le droit d'aller en prendre
connaissance et de la copier; elle sert à toutes les
élections qui ont lieu dans le cours de cette année.

A partir de la clôture, la Liste devient un titre
incommutable pour chacun de ceux qui y sont
inscrits; tout changement qui y serait apporté,
dans le but de priver des électeurs de leur droit
ou de modifier le résultat de l'élection, constitue-
rait un faux en écriture publique.

Pourtant, si le juge paix a renvoyé les parties devant les tribunaux civils pour faire décider une question d'état, si un pourvoi est resté

pendant à la Cour de cassation, il peut se faire qu'une réclamation formée régulièrement et dans les délais prescrits n'ait pu recevoir, avant le 31 mars, une solution définitive.

Le maire devra donc, même après la clôture de la Liste, opérer les rectifications ordonnées; il devra aussi retrancher les noms des personnes décédées, ou frappées de condamnations judiciaires.

Mais il ne pourra procéder à ces rectifications que sur le vu de l'acte de décès, ou de l'extrait authentique d'un jugement de condamnation, passé en force de chose jugée.

Nul n'a le droit d'empêcher un électeur inscrit de prendre part au scrutin.

DEUXIÈME PARTIE

DE LA PUBLICITÉ

ET DE LA DISCUSSION DES CANDIDATURES

DEUXIÈME PARTIE

DE LA PUBLICITÉ ET DE LA DISCUSSION DES CANDIDATURES.

CHAPITRE PREMIER.

DE LA LIBERTÉ DES CANDIDATURES ET DES DIVERS MOYENS PAR LESQUELS ELLES PEUVENT SE PRODUIRE.

1

La liberté des candidatures est absolue ; chaque citoyen a le droit de poser la sienne sans avoir aucune autorisation à demander et sans être tenu d'en donner avis à personne.

L'administration ne peut empêcher aucune can-

didature de se produire, lors même qu'elle pré-
tendrait que le candidat ne réunit pas les conditions
d'éligibilité exigées par la loi (1); le droit de l'administration se bornerait, une fois l'élection accomplie,
à en faire prononcer la nullité par la juridiction
compétente, si l'incapable avait été élu.

Si donc, par impossible, un fonctionnaire quel
qu'il soit s'avisait de mettre obstacle à une candidature, il y aurait lieu d'intenter contre lui des
poursuites judiciaires et de demander la nullité de
l'élection.

2

Nous venons de considérer le droit en lui-même,
mais comment pourra-t-il s'exercer ? Pour devenir
candidat il ne suffit pas de le vouloir librement, il
faut que cette volonté se manifeste et se répande ;

---

(1) Ce principe souffre toutefois, dans les élections législatives,
une restriction importante à l'égard des candidats qui n'ont pas
déposé le serment préalable exigé par le sénatus-consulte du
17 février 1858. (Voir le chap. *des Elections législatives.*)

la publicité seule peut créer la candidature, ou du moins lui donner une existence sérieuse.

Mais lorsque l'élection comprend une circonscription un peu étendue, la seule publication d'un nom ne suffit pas, trop souvent ce nom est inconnu à un grand nombre de citoyens; il faut que celui qui vient demander leurs suffrages leur expose ses intentions, son but, sa foi politique, les services qu'il a rendus, ses titres à leur confiance, en un mot, toutes les raisons de sa candidature; entre eux et lui la communication ne saurait devenir trop complète.

Il est d'ailleurs un droit supérieur encore à celui du candidat, c'est le droit des électeurs, c'est-à-dire le droit du pays lui-même de connaître, pour les juger, tous ceux qui aspirent à être ses représentants.

L'électeur est libre de son vote, mais le pouvoir de faire ce qu'on veut est-ce la liberté, quand la volonté n'est pas éclairée? Et lorsqu'il s'agit d'élection, c'est-à-dire de jugement, celui qui ne se rendrait pas compte des raisons qui le déterminent, serait-il un homme libre, un citoyen, un électeur tel que le veut la loi ?

Si donc le candidat doit user de tous les moyens de se produire, l'électeur, pour remplir le grand devoir auquel la société l'appelle, doit recourir à tous les moyens d'éclairer son jugement; il doit exiger d'abord que chaque candidat se fasse connaître et s'explique; il doit s'informer des opinions qui sont en présence et des raisons qu'elles invoquent, échanger ses appréciations avec les autres électeurs, prendre enfin sa part dans cette grande délibération qui précède le scrutin.

Le libre exercice de ces droits du candidat et de l'électeur, C'EST LA LIBERTÉ ÉLECTORALE.

Recherchons les modes d'action de cette liberté, c'est-à-dire les moyens par lesquels les candidatures se produisent et se discutent.

Il en est un bien simple et qui s'offre tout d'abord à l'esprit; le candidat annonce autour de lui qu'il se met sur les rangs, il explique ses intentions, il entre en relation avec ceux dont il recherche l'appui, il répond aux questions qui lui sont adressées;

la nouvelle se répand, ses amis soutiennent sa candidature. Ce premier mode de publicité, le plus simple de tous, n'a jamais été soumis à aucune réglementation. Chacun est libre d'annoncer sa candidature dans des entretiens particuliers. Chaque électeur a de même le droit de la recommander ou de la combattre, de faire part à tout venant de ses réflexions et de donner ses conseils même à ceux qui ne les demandent pas.

Dans les élections municipales et surtout dans les communes d'une population peu nombreuse, c'est ainsi la plupart du temps que les candidatures s'annoncent et se discutent; les électeurs rapprochés les uns des autres, connaissant ceux qui s'offrent à leurs suffrages, peuvent aisément les juger et se concerter sur les choix.

Les élections départementales et législatives exigent assurément des moyens plus puissants de publicité et de discussion ; mais ces conversations privées qui mettent les électeurs en présence du candidat lui-même, nous ont toujours paru un moyen de propagande trop négligé depuis longtemps, et sous ce rapport, les électeurs nous semblent aussi trop faciles, souvent ils ne connaissent pas assez ceux pour lesquels ils votent. Dans ces communications directes, l'homme honnête se distingue plus aisément de celui qui ne cherche que des satisfactions d'ambition ou de vanité ; moins de déceptions suivent les choix, et la moralité des élections ne peut qu'y gagner.

Mais, si utiles que soient ces rapprochements entre le candidat et les électeurs, quand l'élection sort du cercle de la commune, quand des milliers de citoyens éloignés les uns des autres, souvent sans rapports entre eux sont appelés au scrutin, ce moyen serait loin de suffire ; et pourtant, plus l'importance de l'élection s'élève, plus les citoyens ont besoin d'être éclairés sur leurs choix.

Il faut que les candidatures soient connues, librement discutées, attaquées et défendues.

Il faut que les citoyens qui ont la même opinion, un but commun, des intérêts semblables, puissent s'entendre et se concerter ; autrement l'élection dépendrait du hasard, et ne serait plus [l'expression de la majorité.

Par quelles voies ce résultat peut-il être atteint ?
L'expérience est là pour nous le dire.

Tous les moyens par lesquels les hommes peuvent échanger et discuter leurs idées, exercer une influence autour d'eux, délibérer sur leurs intérêts communs, concourent alors à propager et à soutenir les candidatures, et c'est à la liberté de ces modes divers d'action qu'il faut juger de la liberté électorale.

Mais l'exercice des droits politiques est réglementé par la loi et soumis à des dispositions souvent fort compliquées; faute de les connaître, beaucoup de personnes craignent d'agir; nous allons donc essayer de les mettre à la portée de tous, et exposer aussi clairement que possible ce qui peut intéresser les élections dans la législation qui régit aujourd'hui :

1° Les réunions publiques, les réunions non publiques, les associations;

2.

2° La presse;

3° Les écrits non périodiques et les moyens divers par lesquels on peut les répandre;

4° Les circulaires et les professions de foi des candidats, les bulletins électoraux, et les facilités spéciales accordées à leur distribution;

5° Le droit des électeurs de créer eux-mêmes des candidatures.

Ces divers sujets vont faire chacun l'objet d'un chapitre spécial.

CHAPITRE II.

DES RÉUNIONS PUBLIQUES ET NON PUBLIQUES ET DES ASSOCIATIONS.

RÉUNIONS ÉLECTORALES. — COMITÉS ÉLECTORAUX.

Caractères généraux des Réunions et des Associations.—
Des Associations. — Des Réunions non publiques. —
Des Réunions publiques. — De l'utilité des Réunions
dans l'élection. — Des Réunions électorales publiques.
— Des Comités électoraux.

1

Des Réunions publiques et non publiques et des Associations.

1. — Caractères généraux des Réunions et des Associations.

Les réunions publiques et les réunions non publiques peuvent offrir des caractères bien différents, et ont presque toujours répondu dans les
élections à deux objets distincts.

Les réunions publiques ordinaires sont purement accidentelles et ne survivent pas à l'objet qui les a formées; quand bien même plusieurs réunions se succèderaient dans une même ville, si le public y est librement admis, leur composition varie nécessairement; rien d'ailleurs ne constate la présence des assistants; on ne peut donc pas dire qu'il y a eu plusieurs séances d'une même assemblée, mais plusieurs assemblées distinctes.

Il est toutefois d'autres réunions, qui, tout en admettant le public à leurs séances, ont des membres affiliés, une organisation, des idées de suite, et ouvrent périodiquement des arènes politiques : on les désigne généralement sous le nom de CLUBS.

Les réunions non publiques se tiennent isolément, ou bien se renouvellent entre les mêmes personnes, mais sans les soumettre à des engagements, elles sont purement temporaires, et se dissolvent d'elles-mêmes aussitôt leur œuvre accomplie.

Malgré la variété de ces formes, on voit quelles différences profondes séparent les réunions des associations.

Les associations créent entre leurs membres un lien permanent, des obligations réciproques, elles ont un but, une organisation, elles forment dans l'État des sociétés particulières, les assemblées qu'elles tiennent ne sont pour elles qu'un moyen de concerter leur action.

Ces caractères si opposés devaient nécessairement devenir le principe d'une législation différente ; il n'était pas possible de soumettre aux mêmes règles et aux mêmes garanties les réunions publiques et non publiques, les clubs, les associations.

Comme tous les autres droits politiques, les droits d'association et de réunion ont, depuis soixante-dix ans, subi toutes les vicissitudes des gouvernements qui se sont succédé en France ; nous n'avons pas à exposer ici les phases diverses qu'ils ont traversées : présentons le résumé rapide de la législation actuelle.

Le décret des 25 mars-2 avril 1852 ayant rendu applicables aux réunions publiques les dispositions du Code pénal et de la loi de 1834 sur les associations, c'est de celles-ci que nous nous occuperons d'abord.

2. — Des Associations.

Les associations dont le but est de se réunir tous les jours ou à certains jours marqués, pour s'occuper d'objets religieux, littéraires, politiques ou autres, peuvent se former en tout temps, et sans aucune autorisation, aux conditions suivantes (1) :

1° De ne pas comprendre plus de vingt personnes. Les personnes domiciliées dans la maison où l'as-

---

(1) Voici le texte de l'art. 291 du Code pénal et de l'art. 1er de la loi de 1834 :

Art. 291. « Nulle association de plus de vingt personnes, dont le but sera de se réunir tous les jours, ou à certains jours marqués, pour s'occuper d'objets religieux, littéraires, politiques ou autres, ne pourra se former qu'avec l'agrément du gouvernement, et sous les conditions qu'il plaira à l'autorité publique d'imposer à la société. »

Dans le nombre des personnes indiqué par le présent article, ne sont pas comprises celles domiciliées dans la maison où l'association se réunit.

Art. 1er de la *loi* de 1834. « Les dispositions de l'art. 291 du Code pénal sont applicables aux associations de plus de vingt personnes, alors même que ces associations seraient partagées en sections d'un nombre moindre, et qu'elles ne se réuniraient pas tous les jours ou à des jours marqués. — L'autorisation donnée par le gouvernement est toujours révocable. »

sociation se réunit ne sont pas comprises dans ce nombre ;

2° De ne pas se mettre en rapport avec d'autres associations du même genre, à moins que le nombre total des personnes comprises dans les associations réunies n'excède pas celui de vingt.

Bien entendu, il ne faudrait pas que ces associations profitassent de la liberté qui leur est laissée, pour créer des sociétés secrètes justement réprimées par la loi.

Les associations qui comprennent plus de vingt personnes ne peuvent se former qu'avec l'agrément du gouvernement et aux conditions qu'il plaît à l'autorité publique d'imposer.

3. — Des Réunions non publiques.

Les réunions non publiques accidentelles ou temporaires ne sont point défendues par la loi, et ne sont soumises à aucune condition ; on ne saurait leur appliquer ni l'article 291 du Code pénal, ni la loi de 1834 sur les associations. Lors de la discussion de cette loi, à la Chambre des députés

comme à la Chambre des pairs, tout le monde fut
d'accord sur ce point. « Jamais on n'a confondu,
» disait M. Hervé à la Chambre des députés, le droit
» de se réunir avec la faculté de s'associer : *se réunir*,
» *c'est vouloir s'éclairer et penser ensemble; s'associer,*
» *c'est vouloir se concerter, se compter et agir;* la dif-
» férence est immense, le pays et les tribunaux ne
» sauraient s'y tromper. » M. Martin du Nord, rapporteur de la loi, en expliquait la portée d'une manière plus explicite encore : « Les réunions et les
» associations ne doivent point être confondues .
» . . . . Jusqu'à présent personne
» n'a pensé que les *réunions eussent été atteintes par*
» *l'article* 291, ne craignez pas qu'elles *le soient da-*
» *vantage par la loi que nous discutons.. »*

A la Chambre des pairs, M. Rœderer exposait de
même la pensée de la loi. « La loi n'autorise pas plus
(disait-il) à inquiéter qu'à interdire les réunions
SOIT FORTUITES, SOIT HABITUELLES ; elle ne regarde
que les associations. . . . .
La portée politique de la loi ne *va pas plus loin que*
les associations formant État dans l'État, et qui,

comme disait Mathieu Molé, *placent un corps vivant dans le cœur de l'Etat.*

C'est sous l'empire de cette législation que nous sommes encore aujourd'hui placés (1).

Des citoyens peuvent donc, sans avoir aucune autorisation à demander, se réunir dans un lieu non public pour s'occuper ensemble d'un objet quelconque, pour rédiger une pétition par exemple, pour délibérer sur des intérêts communs, pour discuter une question politique, ou une question d'intérêt public ou d'intérêt local ; l'autorité n'a point le droit d'interdire ou d'entraver les réunions non publiques, même les plus nombreuses, lorsqu'elles ne sont pas le résultat d'une association préexistante. Chacun peut donc convoquer les personnes qu'il connaît et se faire le promoteur d'une semblable réunion (2).

---

(1) En effet, l'art. 15 de la loi du 28 juillet 1848, qui avait soumis les réunions politiques non publiques à la nécessité d'une permission de l'autorité municipale, est aujourd'hui abrogé.

(2) Cassation, 12 avril 1838

4. — Des Réunions publiques.

Le décret de 1852 ne fait aucune distinction entre les clubs et les réunions publiques ordinaires ; malgré les différences profondes qui les séparent, il leur déclare également applicables l'article 291 du Code pénal et la loi de 1834 (1). Aucune réunion publique ne peut donc avoir lieu aujourd'hui qu'avec l'autorisation du gouvernement et aux conditions qu'il croit devoir imposer. Mais gardons-nous de croire que le gouvernement songe à interdire les réunions d'une manière systématique ; les soumettre à une autorisation, c'est reconnaître qu'elles pourront exister, et pour mieux comprendre la pensée du décret, reportons-nous à ses motifs :

« Considérant que le droit d'association et de

(1) Le décret des 25 mars-2 avril 1852 est ainsi conçu :

« *Art.* 1er. Le décret du 28 juillet 1848 sur les clubs est abrogé, à l'exception toutefois de l'art. 13 de ce décret qui interdit les sociétés secrètes.

» *Art.* 2. Les art. 291, 292 et 294 du Code pénal et les art. 1, 2, et 3 de la loi du 10 avril 1834, seront applicables aux *réunions publiques, de quelque nature qu'elles soient.* »

» réunion doit être réglementé, de manière à empê-
» cher le retour des désordres qui se sont produits
» sous le régime d'une législation insuffisante pour
» les prévenir, qu'il est du devoir du gouvernement
» d'apprécier et de prendre les mesures nécessaires
» pour qu'il puisse exercer sur toutes les réunions
» publiques une surveillance qui est la sauvegarde
» de l'ordre et de la sûreté de l'État. »

Ainsi donc, le droit de réunion existe, puisque l'on parle de le réglementer ; réglementer n'est pas interdire ; il s'agit uniquement dans le décret d'empêcher le désordre, et le gouvernement admet si bien que des réunions publiques se tiendront, qu'il veut exercer une surveillance sur elles.

Les personnes qui auraient un intérêt sérieux à provoquer une réunion publique, ne devront donc point hésiter à demander une autorisation aux préfets ; nous pensons qu'elle ne devra leur être refusée que dans les cas indiqués par les motifs de la loi, c'est-à-dire lorsque la réunion pourrait compromettre l'ordre public, ou la sécurité de l'État.

Les personnes qui éprouveraient un refus auraient toujours le droit de recourir de la décision
du préfet à celle du ministre de l'intérieur.

Ceux qui auront obtenu du gouvernement l'autorisation d'organiser une réunion publique, devront
ensuite demander à l'autorité municipale une permission relative uniquement au lieu où elle se tiendra ; nul ne peut, sans cette permission, accorder
l'usage de sa maison ; il ne faut pas, en effet, que la
réunion puisse gêner la circulation ou incommoder
les habitants.

Tel est le droit commun sur les réunions; faisons
l'application de ses règles aux réunions qui ont l'é-
lection pour objet et recherchons si des immunités
spéciales ne leur ont pas été accordées.

2

Des Réunions électorales et des Comités électoraux.

1. — De l'utilité des Réunions dans l'élection.

L'élection est l'œuvre commune ; chacun doit y
apporter non-seulement son vote, mais son influence
et ses lumières, et contribuer de tous ses efforts à ce
que ce grand devoir des citoyens s'accomplisse de
la manière la plus conforme au bien public. L'indépendance absolue des suffrages n'est donc qu'une
des conditions de la liberté. Il faut que les électeurs
puissent échanger leurs appréciations, chercher mutuellement à s'éclairer et à se convaincre ; il faut enfin qu'ils puissent se concerter et s'entendre.

C'est à ce double besoin que répondent les réunions électorales et les comités électoraux.

Les réunions publiques mettent les candidats en
présence des électeurs et en présence les uns des autres ; ils exposent et discutent leurs opinions et leurs

titres, ils répondent aux questions qui leur sont adressées ; les électeurs viennent y connaître ceux qui s'offrent à remplir leur mandat, et délibèrent sur les principes qui doivent déterminer leur choix ; toutes les objections et les critiques se produisent au grand jour. C'est donc là un moyen de communication puissant, non-seulement entre les candidats et les électeurs, mais entre les électeurs eux-mêmes.

Mais lorsque plusieurs candidats représentant les mêmes principes et ayant tous des titres à la confiance publique se mettent à la fois sur les rangs, il devient nécessaire de faire entre eux un choix, et de rallier sur un seul les voix qui pourraient se disperser. Depuis l'établissement du suffrage universel, ce choix ne peut guère être fait par la masse entière des électeurs, il y aurait trop de difficulté à les réunir et à s'entendre ; aussi presque toujours on a d'un commun accord remis ce soin à des délégués, ou aux hommes les plus importants de la même opinion, qui se réunissent et forment des comités électoraux non publics.

2. — Les réunions électorales publiques et non publiques.

Dans un Etat où la souveraineté émane de la nation, l'électeur se trouve placé dans une sphère supérieure aux lois de police ; on ne comprendrait pas que son droit pût être restreint par les pouvoirs qu'il institue.

Aussi la législation qui suivit la révolution de février laissait pleine liberté aux réunions électorales, elle les considérait comme nécessaires à l'accomplissement d'un devoir public (1).

(1) Les lois restrictives du droit de réunion n'ont jamais été considérées comme applicables aux réunions électorales.

Le 17 juin 1849, l'Assemblée législative, en attendant une loi nouvelle pour réglementer l'exercice du droit de réunion, autorise le gouvernement à interdire les clubs et autres réunions publiques ; c'était l'armer de pouvoirs aussi étendus au moins que ceux qui résultent du décret de 1852.

Eh bien ! voici les instructions que dès le 24 juin, M. Dufaure, ministre de l'intérieur, adressait aux préfets au nom du gouvernement de celui qui est aujourd'hui l'Empereur :

« S'il se fait des élections dans votre département, loin d'empê-
» cher, vous encouragerez plutôt ces assemblées préparatoires où
» les électeurs cherchent à se concerter sur les principes poli-
» tiques qui doivent présider à leur choix, discutent les titres de
» leurs candidats, et se mettent en mesure d'accomplir d'une ma-
» nière intelligente leur premier devoir de citoyen. Vous veillerez
» seulement à ce que ces assemblées ne perdent pas le caractère
» qu'elles affectent et ne cachent pas, sous un nom respectable, des
» réunions dangereuses. »

L'année suivante, l'Assemblée législative en prorogeant la loi de 1849, déclara que les dispositions de cette loi s'appliqueraient

La Constitution de 1852, en fondant le gouvernement sur la base du suffrage universel, en proclamant les principes de 1789, n'a pu déroger à ces traditions.

Il est donc permis de penser que le décret du 25 mars ne s'applique pas aux réunions électorales, et qu'à partir du jour où ils sont appelés au scrutin, les citoyens peuvent s'assembler sans aucune autorisation.

Nous ne savons toutefois si cette interprétation

aux réunions électorales qui seraient de nature à compromettre l'ordre public. Cette addition même prouve que dans l'esprit de tous, les réunions électorales restaient en dehors du droit commun sur les réunions publiques.

Le gouvernement suivrait-il aujourd'hui des traditions différentes? Le système électoral actuel serait-il moins libéral que celui qui l'a précédé ?

Les déclarations les plus solennelles s'élèvent contre une telle supposition ; elles attestent l'entière liberté, la sincérité complète que le gouvernement tient à honneur d'assurer à l'exercice du suffrage où il a puisé son origine.

Le 5 décembre 1851, une proclamation de M. de Morny, alors ministre de l'intérieur, se termine par ces mots :

« Indépendance absolue, complète liberté des votes, voilà ce » que veut Louis Napoléon Bonaparte. »

Le 11 février suivant, le successeur de M. de Morny, M. de Persigny, envoie aux préfets les instructions suivantes :

« Il est bien entendu que vous ne devez rien faire qui puisse » gêner ou embarrasser en quoi que ce soit l'exercice du suffrage » universel ; toutes les candidatures doivent pouvoir se produire » sans opposition, sans contrainte : le Prince Président se croi- » rait atteint dans l'honneur de son gouvernement si la moindre » entrave était mise à la liberté des votes. »

libérale des principes de notre droit public serait
acceptée par les tribunaux. Le Gouvernement pourrait s'armer des termes généraux du décret, pour
soutenir que les réunions électorales publiques
sont soumises à son autorisation. Nous aimons à
croire qu'il n'essaiera pas d'apporter à la liberté
électorale des restrictions aussi gênantes. Si pourtant les réunions publiques d'électeurs ne pouvaient s'ouvrir sans le consentement de l'Administration, il nous semble au moins qu'elle devrait les
envisager avec une faveur particulière et suivre à
leur égard ces règles de conduite que les circulaires
ministérielles ont tracées pour les autorisations relatives à la distribution des bulletins. « La prohi-
» bition doit être rare, exceptionnelle, motivée par
» le danger d'un scandale ou d'un trouble public,
» jamais elle ne saurait être une faveur indirecte
» au profit d'une candidature préférée. »

Mais ce qui ne peut être l'objet d'aucun doute,
c'est le droit des électeurs de former des réunions
non publiques, en procédant par convocations particulières. On conçoit la grande importance de ces

réunions, elles peuvent se renouveler entre les mêmes personnes ou entre des personnes diffé-rentes, rassembler les hommes d'une même opi-nion, ou devenir entre les différentes opinions des occasions de rapprochement ; elles offrent aux citoyens un moyen facile de se concerter sur leurs choix, d'entrer en relation avec les candidats, de provoquer leurs explications.

Le grand nombre des personnes présentes ne saurait enlever à la réunion son caractère privé, si chacun n'y est admis qu'en vertu d'un titre spécial, d'un choix, d'une convocation personnelle. Une réunion n'est publique que lorsqu'elle est ouverte à tous et que le premier venu y peut participer.

Ici une question pourrait être soulevée. La réu-nion deviendrait-elle publique si tous les électeurs de la circonscription y étaient appelés ? Nous sup-posons que l'identité de chacun d'eux est constatée aux portes de la salle au moyen de sa carte, d'une lettre de convocation, ou d'une copie de la liste électorale ; quelques erreurs involontaires reste-raient sans influence.

Jusqu'ici de semblables assemblées n'ont jamais eu lieu. Le contrôle était inutile lorsque la liberté des réunions électorales publiques n'était l'objet d'aucun doute.

On pourrait dire qu'une réunion composée uniquement d'électeurs n'est pas, à proprement parler, une réunion publique. Chaque électeur, se présente en vertu d'un titre qui lui est propre, d'une inscription nominative. La réunion n'est point ouverte à tous ; les citoyens qui se préparent à voter ont reçu une mission de la loi, ils exercent le droit de souveraineté, ils font partie de la puissance publique.

Mais nous ne pouvons point répondre que cette opinion serait admise par les tribunaux, si l'Administration était d'un avis contraire. La nécessité d'un contrôle rend d'ailleurs de semblables réunions difficiles.

En résumé, les réunions électorales non publiques, par convocations personnelles, sont les seules que les citoyens puissent former en toute sécurité sans aucune autorisation.

3. — Des Comités électoraux.

Ce que nous avons dit des réunions non publiques s'applique aux comités électoraux. Ils ne sont, en effet, que des réunions temporaires qui se dissolvent d'elles-mêmes aussitôt leur œuvre accomplie ; même lorsqu'ils tiennent de nombreuses séances, ils n'établissent pas de lien permanent entre leurs membres : ils ne les soumettent à aucune organisation, à aucun engagement.

Les citoyens sont donc toujours libres de former des comités électoraux. Ils doivent seulement avoir soin d'éviter tout ce qui pourrait donner à ces comités même l'apparence d'une association. Si donc ils voulaient les établir longtemps à l'avance pour préparer, par exemple, le mouvement électoral, ils feraient bien, pour éviter toute difficulté, de ne pas les composer de plus de vingt membres. Du reste, comme ces réunions doivent être formées d'hommes jouissant dans la circonscription où l'élection a lieu, d'assez de considération et d'influence pour

que leur avis soit écouté du public, ce nombre
devra la plupart du temps suffire.

Mais, à partir de la promulgation du décret qui
convoque les citoyens à l'élection ou en fixe l'é-
poque, des comités électoraux peuvent se former
sans appréhension quel que soit le nombre de leurs
membres ; l'autorité, qui attache tant de prix à la
liberté et à la sincérité des élections, trouvera tout
naturel qu'ils tiennent alors des séances souvent
répétées.

Aussitôt le scrutin fermé, les comités électoraux
doivent se dissoudre, leur œuvre est alors termi-
née ; des réunions ultérieures pourraient faire supposer qu'ils ont des idées de suite et cherchent à
perpétuer des rapports entre leurs membres. Toutefois, rien ne les empêcherait de tenir une dernière séance pour un objet relatif à l'élection et
parfaitement déterminé ; s'il s'agissait, par exemple, de recueillir des renseignements pour demander la nullité de l'élection.

L'autorité est, d'ailleurs, la première intéressée à
ce que les irrégularités et les fraudes lui soient dé-

noncées et soumises à l'examen des juridictions qu'elle a établies.

Le droit d'organiser des comités souffre, toutefois, dans la pratique, une restriction importante à l'égard des candidatures officielles.

On sait qu'aujourd'hui l'administration a ses candidats qu'elle prend sous son patronage et appuie de son influence. « Le gouvernement, écrivait M. Billault dans sa circulaire du 30 mai 1857, dira nettement au pays quels noms ont sa confiance et lui semblent mériter celle des populations ; *comme il propose les lois aux députés, il proposera les candidats aux électeurs*, et ceux-ci feront leur choix. »

Mais l'administration entend rester seule juge des noms qui méritent cette confiance ; et, dès le 20 janvier 1852, M. de Morny, alors ministre de l'Intérieur, s'en expliquait de la manière la plus franche : « Veuillez (écrivait-il aux préfets) dissuader les partisans du gouvernement d'organiser des comités d'élection. »

Les partisans du gouvernement n'auront donc jamais à se préoccuper du choix de leurs candidats.

Mais en les dissuadant d'organiser des comités, le ministre reconnaît le droit des autres électeurs; il faut bien, en effet, pour assurer la sincérité de l'élection, qu'ils puissent se concerter entre eux, et faire eux-mêmes entre les candidats qui se disputent leur confiance, le choix que l'administration veut bien éviter à ses amis.

En 1857 et en 1858, lors des élections au Corps législatif, des comités électoraux, comprenant un assez grand nombre de membres, se formèrent à Paris et parvinrent à créer une entente qui assura le succès de plusieurs de leurs candidats.

CHAPITRE III.

DE LA PRESSE.

La Constitution du 14 janvier 1852 porte dans son article 1er : ·

La Constitution reconnaît, confirme et garantit les grands principes proclamés en 1789 et qui sont la base du droit public des Français (1); mais elle se

---

(1) Les principes sur lesquels reposent tous les gouvernements libres, mais qu'on rattache généralement à la grande date de 1789 parce qu'ils reçurent alors leur plus éclatante consécration, ont été formulés par notre première Assemblée constituante dans le titre premier de la Constitution des 3-14 septembre 1791 et dans la Déclaration des droits qui lui sert de préambule.

L'article 10 de la Déclaration des droits est ainsi conçu :

« La libre communication des pensées et des opinions est un des droits les plus précieux de l'homme ; tout citoyen peut donc parler, écrire, imprimer librement, sauf à répondre de l'abus de cette liberté dans les cas déterminés par la loi. »

Et dans son titre 1er, intitulé *Dispositions fondamentales ga-*

borne à cette profession de foi générale et reste muette sur la liberté de parler et d'écrire.

C'est le décret des 17-22 février suivant qui a inauguré le régime auquel la presse est aujourd'hui soumise.

Aucun journal ou écrit périodique traitant de matières politiques ou d'économie sociale, ne peut être créé ou publié sans l'autorisation préalable du Gouvernement.

Aucun changement ne peut avoir lieu dans le personnel des gérants, rédacteurs en chef, propriétaires ou administrateurs d'un journal, sans la même autorisation.

Une condamnation pour crime, deux condamnations pour délits, ou simples contraventions à la police de la presse, entraînent de plein droit la suppression du journal.

Après une seule condamnation, quelle qu'elle soit,

ranties par la Constitution, la Constitution garantit comme droits naturels et civils : la liberté à tout homme de parler, d'écrire, d'imprimer et de publier ses pensées, sans que ses écrits puissent être soumis à aucune censure ni inspection avant leur publication.

le gouvernement a, pendant deux mois, la faculté de suspendre ou même de supprimer le journal.

Même lorsqu'ils n'ont commis aucun délit ni aucune contravention, les journaux peuvent être frappés d'avertissements abandonnés au pouvoir discrétionnaire de l'administration.

Après deux avertissements, quel que soit l'espace de temps qui les sépare, un journal peut être suspendu pour deux mois.

Enfin, quand bien même il n'aurait subi aucune condamnation, ni été l'objet d'aucun avertissement, un journal peut être supprimé par un décret impérial.

En outre :

Il est interdit de rendre compte des séances du Sénat autrement que par la reproduction des articles insérés au journal officiel.

Il est interdit de rendre compte des séances du Corps législatif autrement que par la reproduction du procès-verbal dressé à l'issue de chaque séance par les soins du président du Corps législatif (1).

(1) Le gouvernement n'a pas cru devoir permettre que les dis-

Il ne peut être rendu compte des séances des
Conseils généraux que par la publication des procès-verbaux communiqués par les présidents de ces
conseils.

Il est interdit de rendre compte des procès pour
délits de presse.

cours des députés parvinssent au public tels qu'ils ont été prononcés : le procès-verbal officiel leur donne la forme sous laquelle ils doivent paraître.

Mais en prenant pour point de départ les termes mêmes du procès-verbal, n'est-il pas au moins permis d'apprécier les discours, de discuter la valeur des opinions émises dans le sein du Corps législatif? aucun doute selon nous ne peut s'élever à cet égard, commenter le procès-verbal, ce n'est pas en faire un nouveau ; son texte ne saurait être plus sacré que celui des lois dont l'interprétation est loisible à tous. La libre appréciation des opinions des députés a toujours été considérée comme une des conditions du gouvernement représentatif, et il n'a pu entrer dans la pensée du législateur de 1852, d'enlever aux citoyens le droit de discuter les actes de leurs mandataires.

Depuis 1852 pourtant, la presse n'a pas songé à profiter de ce droit et la question des comptes rendus peut être regardée aujourd'hui comme nouvelle. Elle a été soulevée au mois de juin dernier dans le *Courrier de Paris,* par plusieurs articles de M. Charles Floquet, qui a même fait le compte rendu d'une séance législative. M. Saint-Marc Girardin a soutenu dans le *Journal des Débats,* une opinion semblable à celle de M. Floquet.

Espérons qu'après avoir reconnu ses droits, la presse n'hésitera point à les mettre en pratique ; le gouvernement et les députés verraient sans doute avec plaisir les journaux appeler, par des discussions sérieuses, l'attention publique sur les travaux de l'Assemblée, qui vote les budgets et les lois.

Un journal qui a publié une fausse nouvelle, est condamné même lorsqu'il a été de bonne foi et que la nouvelle n'est point de nature à troubler la paix publique.

Peut-être serait-il impossible de trouver des combinaisons qui armassent le gouvernement d'une manière plus puissante, mais plus un pouvoir est étendu, plus il a besoin d'être soumis à des règles précises qui le garantissent d'un dangereux arbitraire. Le gouvernement l'a compris, et il a voulu expliquer nettement l'usage qu'il voulait faire de son autorité ; ses déclarations à cet égard peuvent être considérées comme de véritables engagements, rapprochons-les donc des dispositions du décret, au moins en ce qui concerne les deux points les plus importants : l'autorisation pour la création des journaux, la liberté de discussion qui leur est laissée.

Quelques jours après la promulgation du décret, dès le 30 mars 1852, lorsque les nouvelles institutions n'étaient pas encore en vigueur, et que le gouvernement commençant à s'établir exerçait un

pouvoir dictatorial, le ministre de la police générale
expliquait ainsi aux préfets les principes de l'administration nouvelle sur l'autorisation des journaux.

« Le gouvernement ne veut user du droit de re-
» fus que dans l'intérêt *de la société, de l'ordre et*
» *de la morale ;* son intention est de refuser l'au-
» torisation exigée par l'article 1ᵉʳ du décret, chaque
» fois que, *sous prétexte de journaux*, il s'agira *de*
» *créer des tribunes politiques soi-disant sociales, dans*
» *un but de mauvaise propagande.* »

» Pour prendre à cet égard une détermination
» équitable et juste, j'aurai besoin de recueillir des
» appréciations locales qui, seules, pourront me
» permettre d'agir en parfaite connaissance de
» cause, et c'est à vous, monsieur le Préfet, que
» je demanderai d'éclairer et de préparer mes ré-
» solutions. »

Ces déclarations sont précises, la dignité du gouvernement est engagée dans leur loyale exécution.
Ainsi donc ceux qui voudraient fonder un journal
pour soutenir une candidature, ou pour défendre
des opinions qui ne portent aucune atteinte à la

morale et aux lois sur lesquelles reposent les
sociétés, peuvent demander l'autorisation nécessaire ; elle devra toujours leur être facilement accordée.

Nous ajouterons une simple réflexion ; la tâche
du gouvernement est ici bien grande et bien difficile : se faire l'appréciateur des intentions, l'inter-
prète souverain de la morale et des principes de l'ordre public, juger à l'avance des opinions qui n'ont
pu encore se produire, quelle mission et quelle responsabilité! Ceux qui en sont chargés ne sauraient
être entourés de trop de lumières et c'est le devoir
de tous les bons citoyens de chercher à leur éviter
des erreurs qui peuvent devenir fatales à la liberté.

Que ceux-là donc qui sollicitent l'autorisation de
fonder un journal n'hésitent point à faire appel à
l'opinion, qu'ils lui demandent d'éclairer le Gouvernement; elle sait leur but, leurs intentions, l'u-
tilité de la tribune qu'ils veulent élever. Puisqu'il
s'agit ici d'appréciation, que chacun vienne apporter la sienne dans cette grande enquête où le public est aussi intéressé que l'écrivain; si l'adminis-

tration s'est souvent montrée avare d'autorisations, il faut dire aussi que les citoyens n'ont pas assez énergiquement insisté auprès d'elle.

La liberté de discussion laissée à la presse a été l'objet d'explications non moins précises ; rappelons seulement les plus récentes , elles se trouvent dans une circulaire que le Ministre de l'Intérieur (alors le duc de Padoue) adressait aux préfets le 18 septembre 1859 ; on n'a point oublié les circonstances. A la suite de la guerre d'Italie le bruit s'était répandu que le gouvernement allait inaugurer l'ère promise des libertés publiques en modifiant le régime actuel de la presse : le *Moniteur* du 17 septembre vint démentir ces espérances mal fondées.

« La presse (disait la note officielle) est libre de
» discuter tous les actes du gouvernement et d'é-
» clairer ainsi l'opinion publique. .   .   .   .   .   .
» Le gouvernement de l'Empereur ne se départira
» pas d'un système qui, laissant un champ assez
» vaste à l'esprit de discussion, de controverse
» et d'analyse, prévient les effets désastreux du

» mensonge, de la calomnie et de l'erreur. »

A la suite de cette déclaration, le Ministre de l'intérieur crut devoir expliquer de nouveau les limites des discussions permises.

Le Ministre expose d'abord que le décret de 1852 n'est point une loi de circonstance, et que les principes sur lesquels il repose *sont intimement liés à la restauration de l'autorité en France.* . . . . . .

« Le gouvernement de l'Empereur ne redoute pas
» la discussion loyale de ses actes ; il est assez fort
» pour ne craindre aucune attaque. . . . . . .
» . . . . »

« — Le droit d'exposer et de publier ses opinions
» qui appartient à tous les Français est une con-
» quête de 1789, qui ne saurait être ravie à un
» peuple aussi éclairé que la France, *mais ce droit ne*
» *doit point être confondu avec l'exercice de la liberté*
» *de la presse par la voie des journaux.*

» Le gouvernement, loin d'imposer l'approbation
» servile de ses actes, *tolèrera* toujours les contra-
» dictions sérieuses ; il ne *confondra pas* le droit de
» contrôle avec l'opposition systématique et la mal-

» veillance calculée..... Le gouvernement ne de-
» mande pas mieux que de voir son autorité éclai-
» rée par la discussion, mais il ne permettra jamais
» que la société soit troublée par des excitations
» coupables ou par des passions hostiles.

» En conséquence, le Ministre engage les préfets
» à se tenir aussi loin de la faiblesse qui autoriserait
» la licence que de l'exagération qui entraverait la
» liberté. »

Mais la liberté de la presse n'est pas aujour-
d'hui l'exercice d'un droit, c'est une liberté de
tolérance soumise à l'appréciation souveraine du
gouvernement, et une circonstance qui tient au
mode actuel d'existence de la presse tend à pa-
ralyser les effets du bon-vouloir de l'administration et à assurer à la loi une exécution rigou-
reuse.

Aujourd'hui, en effet, un journal, pourvu qu'il possède une publicité un peu étendue, n'est pas seulement l'expression d'une pensée politique, il est en
même temps une propriété industrielle des plus importantes, et qui pour les grands journaux de Paris

représente souvent une valeur d'un ou deux millions.

Or, un écrivain peut se tromper sur les limites des discussions permises, l'expression peut dépasser la pensée et donner à une controverse sérieuse l'apparence d'une attaque ; l'erreur est dangereuse, elle peut être la ruine du journal.

Les timides appréhensions de l'intérêt privé exerceront donc sur le publiciste une inquiète censure, et arrêteront souvent des discussions dont elles redoutent à tort le danger.

Aussi, malgré les déclarations bienveillantes du gouvernement, les candidats qui arborent la bannière de l'opposition pourraient bien ne trouver dans certains journaux qu'un appui peu assuré ; d'ailleurs, dans le plus grand nombre des départements, chaque opinion n'a pas un journal qui la représente, et il sera souvent nécessaire de demander, quelque temps avant les élections, l'autorisation d'en fonder un nouveau. Le gouvernement, qui professe tant de respect pour la liberté électorale, accueillera favorablement ces demandes, et sera heureux d'accorder aux citoyens ces nouveaux moyens de discuter les titres de leurs candidats.

Du reste, sous l'empire de la législation qui nous régit aujourd'hui, les journaux, ceux-là surtout qui voudraient laisser croire à des inspirations officielles, seront obligés à beaucoup de réserve et de modération ; ils ne pourront plus se permettre ces agressions acharnées, ces personnalités violentes, qui même lorsqu'elles atteignent leur but causent tant de dommage à la considération de ceux qui les écrivent ou les inspirent.

Supposons pourtant qu'un candidat se trouve en butte aux attaques d'un journal ; il ne restera point désarmé.

D'abord, si ces attaques contiennent l'imputation ou l'allégation de faits de nature à porter atteinte à l'honneur ou à la considération, elles constituent une diffamation, art. 13 et 14 de la loi du 17 mai 1819.

Si elles usent d'expressions outrageantes ou d'invectives qui renferment l'imputation d'un vice déterminé, elles constituent le délit d'injure.

Dans ces deux cas, pour obtenir la répression des attaques, il suffira à celui qui en est l'objet de poursuivre l'auteur de l'article et le gérant du journal devant les tribunaux correctionnels.

Il pourra même demander que le jugement soit affiché à un certain nombre d'exemplaires aux lieux qu'il indiquera, et que le journal soit tenu de l'insérer.

Mais il ne faut pas oublier que la discussion des titres des candidats est une des conditions de la liberté électorale, et qu'une certaine latitude d'appréciation et de critique entre dans l'esprit de nos lois et dans nos mœurs publiques. L'existence des journaux est d'ailleurs si fragile aujourd'hui, qu'on ne saurait user envers eux de trop de ménagements; on n'est pas toujours maître d'arrêter en se désistant une poursuite correctionnelle; si légitime qu'elle soit, on doit donc hésiter à y recourir et préférer en général l'action civile.

Mais lors même qu'un article de journal ne porte aucune atteinte à l'honneur et à la considération, toute personne qui s'y trouve nommée, ou désignée

de manière à être reconnue, a le droit de faire insérer sa réponse dans le journal; elle seule est juge
de l'utilité et de l'opportunité de sa réponse, ainsi
que de la forme qu'elle entend lui donner.

L'insertion doit être faite dans les trois jours,
elle a lieu gratuitement, si la réponse ne dépasse
pas le double de la longueur de l'article qui l'a pro-
voquée; si elle est plus étendue, le prix ordinaire
d'insertion est dû pour le surplus seulement.

Le journaliste ne peut se refuser à cette insertion
que si la réponse contient une attaque à l'ordre public ou aux bonnes mœurs, ou si elle est injurieuse
pour les tiers ou pour lui-même.

Ce cas excepté, il doit insérer la réponse sans
aucune omission, sans aucun changement, quelque
vifs qu'en soient d'ailleurs les termes.

Ainsi l'égalité se trouve rétablie entre le simple
particulier et celui qui dispose d'un journal; la
presse devient l'arme de ceux qu'elle a blessés, et
porte leur réponse au même public qui entendit
leurs noms; et pour revenir à notre sujet, dès qu'un
candidat est attaqué par un journal, il a pour pro-

duire et défendre sa candidature ce journal lui-
même à sa disposition.

Bien entendu, le journaliste a le droit de répli-
quer à son tour et d'encadrer la réponse de ses
observations; celui qui se trouve ainsi remis en
scène est libre de faire une nouvelle réponse. Il
doit toujours avoir le dernier la parole.

Le refus d'insérer devrait être constaté par une
sommation suivie d'une assignation devant le tribunal civil ou le tribunal correctionnel; le journal
pourrait être condamné à des dommages-intérêts
considérables, si en différant l'insertion de la réponse il a compromis un intérêt sérieux.

───────────

CHAPITRE IV.

DES ÉCRITS NON PÉRIODIQUES, DE LEUR PUBLICATION ET DES DIVERS MOYENS PAR LESQUELS ON PEUT LES RÉPANDRE.

Des écrits non périodiques, de leur importance sous la législation actuelle et de leur utilité dans les élections. — Des conditions imposées à la publication des écrits politiques ayant moins de dix feuilles d'impression. Timbre. Dépôt au parquet. — Des divers moyens de publication. — De la vente chez les libraires et chez l'auteur. — Du colportage et de la distribution. — Des faits qui ne sont pas considérés eomme colportage. — Des immunités accordées à la distribution des mémoires judiciaires. — De l'envoi par la poste.

1

Des écrits non périodiques, de leur importance sous la législation actuelle et de leur utilité dans les élections.

Le Gouvernement ne pouvait s'attribuer sur toutes les manifestations de l'opinion publique, un pouvoir discrétionnaire qui fût devenu dangereux pour lui-même ; ayant soumis la presse périodique au régime sévère que nous venons de décrire, il devait nécessairement laisser à la pensée un moyen d'expression plus libre et plus accessible à tous.

Ce moyen plus libre se trouve dans les écrits non périodiques. On appelle ainsi les écrits qui ne paraissent pas régulièrement, à des époques successives et déterminées à l'avance : tels sont les livres, les brochures, les simples imprimés ordinaires. Jusqu'à ces derniers temps ils n'avaient pas été dans les discussions publiques d'un usage bien fréquent, et n'y avaient joué qu'un rôle secondaire.

Les écrits non périodiques n'offrent pas, en effet, à la propagation des idées la facile rapidité des journaux, ils ne trouvent pas dans des abonnés des lecteurs assurés, ils n'ont pas l'attrait des nouvelles du jour, ils ne tombent pas sous la main dans tous les lieux publics ; pour être lus, il faut qu'ils soient achetés chez le libraire, ou répandus par des distributions soumises à des règles que nous allons exposer.

Malgré ces désavantages, nous pensons que sous la législation actuelle, les écrits non périodiques, les brochures surtout constituent le moyen de discussion le plus sérieux et le plus important.

Peu de personnes disposent d'un journal, les écrits non périodiques sont un moyen de publicité ouvert à tous; ils ne sont point assujettis à toutes les mesures répressives que la loi de 1852 a édictées contre la presse ; pour paraître, ils n'ont besoin d'aucune autorisation, ils n'ont point à redouter l'avertissement ou la suppression, l'autorité ne peut les saisir que s'ils constituent un délit et en poursuivant l'auteur ; mais le délit n'est pas, comme l'avertissement, une menace suspendue dans les vagues régions de l'arbitraire, c'est un acte défini par la loi, ayant un caractère déterminé, des limites inflexibles en dehors desquelles on peut toujours se tenir.

Et puis le délit se discute, et les tribunaux sont seuls juges de son existence ; l'écrivain s'y défend avec liberté, s'il est acquitté, sa brochure lui est

remise et il peut librement en poursuivre la publication.

Quant au nombre des lecteurs, il dépendra du mérite de la brochure, de l'opportunité des questions
qu'elle agite, de l'intérêt qu'on a su y répandre.

Mais pour le grand écrivain, comme pour celui
qui ne possède que l'instruction et les facultés les
plus vulgaires, le droit est le même et à tous
deux il peut être également utile; si humble que
soit un homme, s'il a, sur un fait quelconque, d'u-
tiles observations à présenter, si, victime d'une injustice, il ne sait à qui recourir, qu'il n'hésite
point, par un écrit quel qu'il soit, à rendre sa réclamation publique : la publicité est la grande protectrice de tous les intérêts et de tous les droits,
mais surtout du droit des plus faibles; elle peut
dire d'elle-même ce mot si fier de Manin : « Toute
injustice me regarde; » elle recueille et multiplie
les justes réclamations; elle leur procure des dé-
fenseurs; à sa lumière, l'injustice s'étonne de rester
seule et trouve soudain sa répression et son châti-
ment.

Une des erreurs les plus malheureuses de notre temps, c'est de croire que la liberté n'est utile qu'aux classes élevées; là où règnent les mœurs de la liberté, chacun se sent blessé quand le droit d'un seul est atteint; plus un homme a besoin d'appui, plus il doit ardemment invoquer cette solidarité que crée le sentiment du droit. Mais la liberté seule sait former les mœurs qui lui conviennent.

Les écrits non périodiques sont le grand instrument de cette libre communication d'idées, de cette publicité protectrice. On comprend donc quelle importance ils pourraient prendre dans les élections, et combien d'intérêts divers ils pourraient y servir.

Si nous considérons d'abord le but même de l'élection, le Candidat peut user des écrits non périodiques pour propager et soutenir ses opinions, pour défendre les intérêts qu'il aspire à représenter et préparer à l'avance l'esprit public, pour répondre partout à la fois aux attaques dont la lutte électorale peut devenir l'occasion. Les citoyens trouvent dans ces écrits les mêmes facilités pour discuter les titres de leurs candidats et pour exposer les raisons qui doivent présider à leurs choix.

Mais en outre tous les faits relatifs à l'élection peuvent être rendus publics par ce moyen. Chacun peut annoncer qu'il demande l'autorisation de fonder un journal, d'ouvrir une réunion publique, et chercher à s'assurer l'appui de l'opinion, chacun peut dénoncer les fraudes ou les manœuvres coupables qui seraient restées inconnues en dehors de sa commune, faire savoir qu'il forme une demande en nullité de l'élection, et engager les autres citoyens à s'y joindre.

2

Conditions imposées à la publication des écrits politiques ayant moins de dix feuilles d'impression.

Dépôt au Parquet. — Timbre.

Deux conditions sont exigées pour les écrits non périodiques traitant de matières politiques ou d'économie sociale et ayant moins de dix feuilles d'impression :

1° Aux termes de l'art. 7 de la loi du 27 juillet 1849, un exemplaire doit être déposé au parquet du procureur impérial *du lieu où se fait l'impression*, 24 heures avant toute publication et distribution ; l'imprimeur déclare en même temps le nombre d'exemplaires qu'il a tirés.

Le procureur impérial doit immédiatement donner récépissé du dépôt.

2° L'art. 9 du décret sur la presse des 17-23 février 1852, soumet à un droit de timbre les écrits non périodiques traitant de matières politiques ou d'économie sociale, et publiés en plusieurs livraisons ayant moins de dix feuilles d'impression de 25 à 32 décimètres carrés.

Ce droit est de cinq centimes par feuille et de un centime et demi par chaque fraction de feuille ne dépassant pas dix décimètres carrés.

Les écrits qui, antérieurement au décret de 1852, étaient tombés dans le domaine public, sont dispensés du timbre.

Les écrits politiques non périodiques ne sont pas, comme les articles des journaux, soumis à l'obligation de porter la signature de leurs auteurs.

3

De la publication des écrits non périodiques et des divers moyens par lesquels on peut les répandre.

1. — Vente par les Libraires et par l'Auteur.

Les livres, brochures et écrits de toute nature peuvent être librement mis en étalage et vendus chez tous les libraires (1).

(1) Pour obtenir un brevet de libraire il suffit de justifier de sa moralité et de son attachement à la patrie et au souverain (termes du décret de 1810).

Le brevet est conféré par le Ministre de l'Intérieur, c'est à lui que la demande doit être adressée.

Les frais d'expédition du brevet sont de 50 fr. pour Paris et de 25 fr. pour les départements.

Le brevet doit être enregistré au tribunal civil du lieu de la résidence de l'impétrant.

L'auteur en outre a le droit de vendre chez lui son ouvrage.

Une poursuite judiciaire régulièrement intentée contre l'auteur peut seule suspendre la publication ; mais, comme nous l'avons dit, si elle est suivie d'un acquittement, les exemplaires saisis sont immédiatement restitués, et la vente est reprise sans que nul désormais ait le droit d'y mettre obstacle.

La mise en vente des livres et écrits de toute nature, peut être annoncée par les journaux et par des affiches.

Le libraire et l'auteur peuvent envoyer des agents provoquer des souscriptions et faire ensuite porter au domicile des personnes les exemplaires qu'elles ont achetés. (Voyez le n° 3).

2. — Colportage et Distribution.

Le colportage et la distribution des écrits sont soumis aujourd'hui à la nécessité d'une double autorisation concernant, d'une part, l'exercice de la

profession de colporteur, d'autre part, la détermination des ouvrages à colporter (1).

L'autorisation est délivrée aux colporteurs et distributeurs, pour le département de la Seine, par le
Préfet de police, et pour les autres départements,
par les Préfets. Ceux qui veulent l'obtenir ne sont
pas tenus de se présenter personnellement à la préfecture, ils peuvent adresser leur demande par
écrit.

L'autorisation peut être immédiatement accordée par le Préfet aux individus domiciliés dans le
département ; quant aux autres, le Préfet doit trans-
mettre leur demande au Ministre de l'intérieur et
attendre ses instructions (2.

(1) C'est l'art. 6 de la loi du 27 juillet 1849 qui réglemente aujourd'hui le colportage, il est ainsi conçu :

Tous distributeurs ou colporteurs de livres, écrits, brochures,
gravures et lithographies devront être pourvus d'une autorisation
qui leur sera délivrée, pour le département de la Seine, par le
Préfet de police, et pour les autres départements, par les Préfets.

Ces autorisations pourront toujours être retirées par les autorités
qui les auront délivrées.

(2) L'état de toutes les autorisations accordées est transmis au
ministère de l'Intérieur, où sont centralisés tous les renseignements relatifs au colportage.

La demande d'autorisation pour les ouvrages à colporter est adressée au Préfet. Le Préfet transmet immédiatement l'ouvrage au ministère de l'intérieur pour qu'il soit lu par la Commission chargée de l'examen des livres colportés, sur l'avis de laquelle le ministre décide s'il y a lieu d'accorder l'autorisation (1).

Pour faciliter à l'Administration le contrôle des livres et gravures mis en circulation, le Ministre de la Police, par une circulaire du 28 juillet 1852, a prescrit que chaque exemplaire d'un ouvrage dont le colportage est autorisé, soit marqué à la première page d'un timbre ou estampille spéciale.

Le timbre rouge apposé dans les préfectures, n'est valable que pour le département.

Le timbre bleu apposé par la direction de l'imprimerie, de la librairie et de la presse est valable pour toute la France.

---

(1) Cependant si le livre se trouve déjà porté au catalogue des livres autorisés, le Préfet peut 'accorder immédiatement l'autorisation.

Une distribution d'écrits sans autorisation est un fait purement matériel qui ne donne lieu à aucune appréciation morale, c'est ce qu'on nomme en droit *une contravention;* un acte de cette nature ne saurait renfermer les éléments de la complicité légale.

Dès lors les personnes qui ont participé directement à la distribution en répandant elles-mêmes les écrits sont seules atteintes par la loi; on ne peut poursuivre comme complices ceux qui leur ont remis les écrits à distribuer et des listes d'adresses.

C'est ce qu'a formellement reconnu un arrêt de la Cour de cassation du 11 avril 1856.

3. — Des faits qui ne sont pas considérés comme colportage,

Pour qu'un individu puisse être considéré comme colporteur et obligé d'obtenir l'autorisation pour lui-même et les écrits qu'il répand, il faut ces deux conditions réunies : 1º Qu'il cherche des personnes à qui vendre ou donner ses écrits ; 2º qu'il leur en fasse effectivement la remise.

Ainsi :

Le seul fait de posséder chez soi un grand nombre d'exemplaires d'un écrit (même séditieux) ne peut donner lieu à aucune poursuite, lorsqu'il n'est pas établi qu'on a fait des démarches pour les répandre. (Douai, 23 juin 1854.)

Une personne n'a pas besoin d'être autorisée pour aller de maison en maison présenter une pétition, une souscription, une protestation contre une élection, un écrit quelconque en un mot, si elle ne fait que recueillir des adhésions et des signatures sans laisser d'exemplaires de cet écrit (Cassation 6 et 18 juillet 1850 et 24 juin 1851).

On ne peut non plus considérer comme colporteurs ni soumettre à aucune autorisation :

1º Les agents et commis voyageurs qui se bornent à offrir un ouvrage pour le compte de l'auteur ou du libraire, à provoquer des souscriptions et à prendre des commissions sans remettre le livre aux souscripteurs ; ils peuvent même en avoir avec eux quelques exemplaires à titre de spécimen ;

2° Les individus chargés de porter au domicile des personnes les livres qu'elles ont achetés chez l'auteur ou le libraire, ou dont elles lui ont fait la demande, soit directement, soit par l'intermédiaire de ses agents.

Enfin, on n'astreint pas à la nécessité de l'autorisation l'auteur d'un écrit qui en offre des exemplaires à titre d'hommage.

4. — Immunités accordées à la distribution des mémoires judiciaires.

Les mémoires judiciaires signés d'un avocat ou d'un avoué peuvent, après l'introduction de l'instance, être distribués sans autorisation aucune.

Il suffit donc qu'un procès soit engagé, qu'une poursuite judiciaire soit intentée contre une per-

sonne ; par exemple, qu'un citoyen soit poursuivi pour délit politique, ou un auteur pour l'écrit
qu'il a publié, qu'une élection soit attaquée devant
le Conseil de Préfecture ou devant le Conseil d'E-
tat, pour que chacun ait le droit de distribuer
librement les mémoires signés des avocats ou des
avoués où sont relatés et discutés les faits de la
cause et toutes les questions qu'ils peuvent sou-
lever

5. — Envoi par la poste.

La poste est un distributeur autorisé, c'est pour
elle un devoir de rendre fidèlement aux personnes
indiquées sur l'adresse, non-seulement les lettres,
mais les livres, journaux et écrits de toute nature
qui sont déposés dans ses bureaux.

On n'a donc besoin d'aucune autorisation pour
envoyer par la poste des exemplaires d'un écrit
quelconque, même d'un manifeste politique, en

nombre aussi considérable qu'on veut (Cassation, 17 août 1850 et 8 avril 1853).

L'autorité n'a point le droit d'arrêter ces écrits dans les bureaux de la poste ni d'en entraver la distribution, à moins qu'ils ne soient l'objet d'une poursuite judiciaire.

Aux termes de l'art. 187 du C. pén., toute suppression, toute ouverture de lettres confiées à la poste, commise, ou facilitée, par un fonctionnaire ou un agent du gouvernement, ou de l'administration des postes, est punie d'une amende de 16 fr. à 500 fr. et d'un emprisonnement de trois mois à cinq ans. Le coupable est de plus interdit de toute fonction ou emploi publics pendant cinq ans au moins et dix ans au plus.

Les personnes qui voudraient se ménager des moyens de preuve, en cas de réclamation, pourraient prendre des témoins, mettre en leur présence les écrits à la poste, leur en faire constater le nombre et dresser avec eux la liste des personnes à qui sont adressés ces écrits.

Les imprimés doivent être mis à la poste sous

bandes et affranchis. Le port en est ainsi fixé pour toute l'étendue de l'Empire, par la loi du 25 juin 1856.

Jusqu'à 5 grammes, inclusivement........ .... » 1 c.
De 5 à 10 gr............... .... » 2 c.
De 10 à 15 gr... .... » 3 c.
Et ainsi de suite en ajoutant 1 cent. par chaque 5 gr.
ou fraction de 5 gr. jusqu'à 50 gr.
De 50 à 100 gr................... ... . » 10 c.
invariablement.

Au-dessus de 100 gr. un centime en sus par chaque 10 gr. ou fraction de 10 grammes.

CHAPITRE V.

DES CIRCULAIRES ET PROFESSIONS DE FOI ET DES BULLETINS ÉLECTORAUX.— DE LEUR DISTRIBUTION.

Des circulaires et professions de foi. Des bulletins électoraux. Règles générales. — De la distribution des circulaires et professions de foi. — De la distribution des bulletins. Jurisprudence de la Cour de cassation. Immunités accordées à la distribution pendant les vingt jours qui précèdent les élections. — De l'affichage. — Pénalités contre les troubles apportés à la distribution. — Questions diverses.

1

Des circulaires et professions de foi et des bulletins électoraux. Règles générales.

1. — Des circulaires et professions de foi.

Les circulaires et professions de foi sont des écrits émanés des candidats et spécialement rédigés en vue de l'élection. Leur forme n'est assujettie à aucune règle ; elles peuvent être des manifestes politiques, ou de simples discussions des intérêts locaux ; chaque candidat peut en publier autant qu'il lui plaît, pourvu qu'elles ne paraissent pas à jours fixes et périodiques, car elles constitueraient alors un journal.

Les circulaires sont un des moyens les plus simples et les plus rapides de communication entre le candidat et les électeurs ; le candidat se fait connaître, il expose ses principes, son opinion sur les principales questions à l'ordre du jour du pays, la ligne de conduite qu'il doit suivre, ses titres à la confiance publique ; s'il le faut, il se défend, répond aux objections, discute les candidatures opposées. L'électeur, éclairé par ces déclarations, y trouve la raison de son vote, elles assurent sa liberté et par suite la sincérité de l'élection.

Il est toujours difficile de parler de soi, et plus d'un homme exercé dans l'art d'écrire s'est trouvé embarrassé an moment de rédiger une profession de foi : le talent, c'est de résumer rapidement la situation par ses points principaux, en traits saillants et qui restent aisément dans l'esprit. Pour être lu il faut être bref.

Mais il peut se faire qu'un candidat croie devoir exposer et défendre des doctrines ou des intérêts qu'il juge mal connus ou injustement appréciés. Dans ce cas il ne devra pas craindre d'entrer dans quelques développements et de publier plusieurs circulaires.

Les circulaires et professions de foi sont exemptes du timbre (1).

Elles peuvent être imprimées indifféremment sur papier blanc ou sur papier de couleur.

Elles doivent porter le nom de l'imprimeur.

2. — Des bulletins électoraux.

Les bulletins jouent dans les élections un double rôle.

_____

(1) Circulaires du Ministre des Finances, du 6 août 1857 et du 29 janvier 1859.

Ils portent les noms des candidats à la connaissance des électeurs.

Ils sont l'instrument matériel du vote.

On ne distribue guère aux électeurs que des bulletins qui puissent leur servir à exprimer leurs suffrages.

Les bulletins du vote sont soumis aux règles suivantes :

1° Ils doivent être sur papier blanc ;

2° Ils ne doivent porter aucun signe extérieur, quel qu'il soit ;

3° Ils ne doivent porter aucun signe intérieur *qui permette de reconnaître le déposant.*

Ces prescriptions ont pour but d'assurer le secret des votes et la liberté de l'élection ; les bulletins qui les enfreindraient seraient refusés par le bureau ou annulés dans le dépouillement.

Bien plus, si un certain nombre d'électeurs s'entendaient pour apposer à l'intérieur de leurs bulletins des signes qui permissent de les reconnaître dans l'urne, cette manœuvre pourrait entraîner la nullité de l'élection.

Le fait serait encore plus grave si un candidat, ou un agent de l'administration, faisait distribuer aux électeurs des bulletins munis de signes intérieurs qui permissent de connaître les votes, de numéros par exemple ; une atteinte aussi coupable à la liberté des suffrages suffirait pour que l'élection fût annulée ; c'est ce que le Conseil d'Etat a bien des fois décidé (Voyez décrets des 7 juillet 1853, 16 avril et 7 mai 1856).

Pour assurer le secret des votes de la manière la plus complète, un candidat peut faire imprimer des bulletins exactement semblables à ceux de ses concurrents, et peut aussi en avoir de dimensions diverses et sur différents papiers.

2

De la distribution et de l'affichage des circulaires et
professions de foi et des bulletins électoraux.

1. — Distribution des circulaires et professions de foi. Immunités accordées à cette distribution pendant les vingt jours
qui précèdent les élections.

On sait toujours à l'avance qu'une élection va
avoir lieu, et la plupart des candidats n'attendent
pas pour se produire le décret qui fixe le jour et
convoque les électeurs ; ils sont libres d'user aussi
longtemps à l'avance qu'il leur plaît de tous les
moyens que nous avons développés dans les précédents chapitres.

Mais pendant les vingt jours qui précèdent l'élection, des facilités spéciales très-importantes sont
accordées pour la distribution des professions de
foi et des bulletins.

Pour mieux les faire comprendre, distinguons les deux époques :

1° L'époque antérieure aux vingt jours qui précèdent celui de l'élection ;

2° Cette période de vingt jours.

Si, DÈS LE TEMPS ANTÉRIEUR AUX VINGT JOURS QUI PRÉCÈDENT L'ÉLECTION, les candidats veulent répandre des circulaires et des professions de foi, ils sont soumis à toutes les règles que nous avons indiquées pour la distribution des imprimés ordinaires.

Ainsi,

1° Les distributeurs qui répandent les circulaires doivent obtenir une autorisation du Préfet. Le candidat peut demander pour eux cette autorisation. Elle sera toujours facilement accordée. (Voy. la circulaire ministérielle du 24 avril 1856, citée au chap. 6).

2° Les circulaires peuvent être expédiées par la poste en tel nombre qu'on veut et sans aucune autorisation.

PENDANT LES VINGT JOURS QUI PRÉCÈDENT L'ÉLEC-

TION, la distribution des circulaires émanées des candidats et de leurs bulletins est entièrement libre, à la seule condition qu'un exemplaire de chaque circulaire et profession de foi distribuée ait été préalablement déposé, revêtu de la signature du candidat, au parquet du procureur impérial *de l'arrondissement où doit se faire la distribution.*

Le procureur impérial donne immédiatement récépissé du dépôt; on n'a aucune autorisation à lui demander (1).

A partir de ce moment, le candidat et les personnes qu'il a chargées de la distribution peuvent répandre sans aucune autorisation et sans en donner avis à personne, les professions de foi et les bulletins.

Bien plus, tous les électeurs ont le même droit; ils peuvent distribuer librement les circulaires et les bulletins du candidat, même à son insu, et en aussi grand nombre qu'il leur plaît, dans toute l'étendue de la région où l'élection a lieu.

(1) Les candidats ne sont pas tenus de se présenter eux-mêmes au parquet. Ils peuvent envoyer leur profession de foi revêtue de leur signature.

2. — Distribution des bulletins. — Jurisprudence de la Cour de cassation. — Immunités accordées à la distribution pendant les vingt jours qui précèdent l'élection.

Ce que nous venons de dire des circulaires s'applique également aux bulletins. Mais nous devons, à cet égard, entrer dans quelques explications.

La distribution des bulletins était autrefois entièrement libre à quelque époque qu'elle eût lieu ; mais depuis l'établissement de l'Empire, le gouvernement, donnant à la loi du 27 juillet 1849 une interprétation nouvelle, pensa que les bulletins de vote devaient être considérés comme des écrits et soumis pour leur distribution aux mêmes règles que les livres et brochures. On n'a point oublié les débats fameux dont cette question fit retentir la presse, le Corps législatif et les enceintes judiciaires ; plusieurs Cours d'appel résistèrent avec raison, selon nous, à cette nouvelle interprétation de la loi (1),

(1) Les personnes les plus étrangères aux notions du droit peuvent se rendre compte de cette question. Il s'agit de savoir si

mais elle a définitivement prévalu à la Cour de cassation.

Quelle que soit notre opinion sur cette jurisprudence, nous la prendrons désormais pour point de départ de toutes nos explications, nous ne devons

l'art. 6 de la loi du 27 juillet 1849, en exigeant une autorisation pour la distribution des LIVRES, ÉCRITS, BROCHURES, a pu avoir en vue de *simples bulletins d'élection.*

Les Cours d'Aix, d'Amiens, de Lyon et de Riom, devant lesquelles la question fut agitée en 1855 et 1856, refusèrent de voir un écrit dans un simple bulletin de vote.

Voici les motifs qu'invoquait la Cour de Riom :

« Considérant que le sens grammatical du mot *écrit* dans
» l'art. 6 de la loi du 27 juillet 1849, sens qui signifie *une œuvre*
» *de la pensée,* ne saurait s'appliquer à *des bulletins d'élection*
» qui ne contiennent que des noms et prénoms de candidats, im-
» primés sans aucun commentaire ;

» Considérant que s'il *pouvait y avoir quelqu'incertitude sur*
» *cette interprétation* et qu'il y eût lieu, dès lors, pour l'expli-
» quer, d'être fixé sur l'esprit qui l'a dictée, *il demeurerait évi-*
» *dent* par les circonstances politiques dans lesquelles sont inter-
» venues la présentation et la discussion de cette loi, que l'inten-
» tion du pouvoir exécutif et celle du pouvoir législatif de cette
» époque, n'ont pu être *d'apporter des entraves* à l'émission du
» vote des électeurs, mais seulement d'opposer une barrière au
» dévergondage de la presse et aux abus du colportage. »

Cet arrêt fut cassé par la Cour de cassation et l'affaire renvoyée devant la Cour de Lyon qui répondit par l'arrêt que voici :

« Adoptant les motifs qui ont déterminé les premiers juges, et considérant encore que tout éligible a le droit de proclamer sa candidature devant les électeurs ; que le moyen généralemen

5

donner aux électeurs que des règles sûres qu'ils puissent suivre sans jamais s'exposer au moindre risque.

Les bulletins de vote étant ainsi réputés des écrits devaient au moins profiter des mêmes immunités que les professions de foi et les circulaires, c'est ce que la Cour de cassation et le gouvernement ont formellement reconnu.

Nous avons dit par anticipation que lorsqu'un candidat a déposé au parquet sa profession de foi, on peut librement distribuer ses bulletins. Les bulletins ne sont en effet que le nom du candidat dé-

---

adopté consiste dans l'émission d'un bulletin où sont inscrits seulement les noms et prénoms des candidats et qui est destiné à être déposé dans l'urne comme bulletin de vote ; que si la loi avait exigé l'autorisation préalable de l'administration pour la distribution d'un tel bulletin, elle aurait implicitement soumis à l'approbation du Préfet, la candidature de l'éligible et le vote de l'électeur, ce qui est complétement inadmissible. »

Cet arrêt fut de nouveau attaqué ; alors la Cour de cassation rendit son fameux arrêt du 30 janvier 1857, par lequel confirmant sa jurisprudence antérieure, elle décide qu'un bulletin de vote est un écrit, appelé seulement à jouir des mêmes immunités que les circulaires et les professions de foi.

On peut voir aussi sur cette question, la séance du Corps législatif du 18 avril 1856.

taché de la profession de foi, dont ils forment l'annonce naturelle.

Mais le candidat qui n'a pas fait de circulaire peut déposer au parquet un simple bulletin portant sa signature et pendant les vingt jours qui précèdent l'élection ses bulletins pourront être, sans autorisation, distribués par lui-même, ses agents et tous les électeurs.

Nous croyons devoir, à cause de leur importance, rapporter ici les principaux passages de l'arrêt de la Cour de cassation du 30 janvier 1857, et de la circulaire de M. le Ministre de l'intérieur du 30 mai de la même année.

Arrêt de la Cour de cassation.

« Attendu, sous le dernier rapport, qu'indépendamment des facilités résultant pour l'électeur comme pour l'éligible de l'emploi des bulletins dont la distribution aura été autorisée par le Préfet, l'éligible peut toujours produire sa candidature, soit par la voie des journaux, soit au moyen de circulaires ou de professions de foi qui peuvent, suivant l'art. 10 de la loi du 16 juill.

1850 applicable même aux élections municipales, être
affichées et distribuées, sans autorisation aucune, pendant les vingt jours qui précèdent l'élection, à la seule
condition qu'elles soient signées des candidats et que le
dépôt en ait été préalablement fait au parquet du procureur impérial ;

» Qu'un bulletin peut même, s'il fait connaître, avec
les noms des candidats, l'élection à laquelle il est destiné, être considéré comme une manifestation de candidature, et profiter, à ce titre, des franchises spéciales
dont il s'agit, pourvu qu'il réunisse les conditions exigées pour la circulaire, c'est-à-dire que l'exemplaire
qui doit en tenir lieu soit signé de tous les candidats
qui y sont portés, et soit déposé au parquet avant toute
distribution. — Qu'après l'accomplissement de ces
formalités, soit à l'égard du bulletin tenant lieu de
circulaire, soit à l'égard de la circulaire ou profession
de foi elle-même, les bulletins destinés à exprimer le
vote peuvent être distribués librement et sans signature
pendant les vingt jours qui précèdent l'élection ; mais
qu'on ne pourrait, sans méconnaître le texte et l'esprit
de la loi, étendre le bénéfice de cette immunité aux
bulletins qui seraient distribués, comme dans l'espèce,
sans la double garantie de la signature des candidats
et du dépôt préalable au parquet....... »

Circulaire du Ministre de l'intérieur (M. Billault), du 30 mai 1857.

« Pour les élections, ce que veut l'Empereur, c'est la pratique libre et sincère du suffrage universel.   .   .

.   .   .   .

» On a dans ces derniers temps calomnié notre législation sur la distribution des bulletins de vote ; les règles en sont cependant simples et libérales : pendant les vingt jours qui précèdent l'élection, tout candidat qui aura soumis à la formalité du dépôt légal un exemplaire signé de lui de ses circulaires, profession de foi, ou bulletin de vote, pourra, *sans qu'il soit besoin d'aucune autorisation*, les faire afficher et distribuer en pleine liberté ; tout électeur qui, non content d'écrire ou de faire écrire son vote, et d'exercer ainsi son droit individuel, voudra propager une candidature, en pourra librement distribuer les bulletins, si sur l'un de ces bulletins légalement déposés la signature du candidat constate son consentement. Certes, dans ces conditions, l'on peut dire que l'éligible et l'électeur auront une entière liberté, l'un pour se produire, l'autre pour exprimer son choix et le proposer à ses concitoyens. »

Bien que tous les électeurs aient le droit de répandre des professions de foi et des bulletins, les candidats, surtout quand l'élection comprend un certain nombre de communes, doivent toujours avoir des porteurs chargés de faire une distribution générale.

Cette distribution en quelque sorte officielle demande à être organisée avec le plus grand soin ; il faut avoir pour agents des hommes sûrs qui ne se laissent par détourner de la mission qui leur a été confiée ; il faut déterminer le rayon dans lequel chacun agira. Le candidat qui n'aura pas pris ses dispositions longtemps à l'avance y perdra un temps précieux dans les derniers jours.

Nous engageons vivement les candidats à avoir dans toutes les communes un peu importantes un distributeur qui soit de la commune même, à ne prendre qu'après renseignements un homme bien vu dans le pays... A bien choisir il y a de l'habileté.

3. — **Affichage** des circulaires, Professions de foi et bulletins des candidats, Immunités pendant les vingt jours qui précèdent l'élection.

Tout le monde a le droit d'apposer des affiches

sur les murs ; celui qui veut en *faire sa profession* même temporairement, est seulement tenu de le déclarer à l'autorité municipale et d'indiquer son domicile (1).

Mais l'autorité municipale peut réglementer la profession d'afficheur et prendre un arrêté pour n'en permettre l'exercice qu'aux personnes commissionnées par le maire.

Dans les communes où existe un semblable arrêté, celui qui apposerait des affiches sans autorisation serait passible d'une peine de simple police.

Il est formellement interdit d'afficher des écrits à la main ou des imprimés contenant des nouvelles politiques ou traitant d'objets politiques.

Mais pendant les vingt jours qui précèdent les élections, l'affichage jouit des mêmes immunités que la distribution (2).

Il suffit qu'un exemplaire signé du candidat des

_____

(1) Loi du 10 décembre 1830.
(2) Loi du 16 juill. 1850, art. 10.

circulaires et professions de foi ait été préalablement déposé au parquet, pour qu'elles puissent être librement reproduites sur des affiches.

Le candidat qui n'a pas rédigé de circulaire peut, après le dépôt d'un simple bulletin au parquet, faire placarder son nom avec l'indication de l'élection pour laquelle il se met sur les rangs.

Il est très-utile aux candidats d'avoir ainsi des affiches contenant leur nom en gros caractères, pour le porter à la connaissance du public. Souvent à côté du nom on rappelle l'opinion politique.

Toutes les fois que l'affiche renferme une énonciation, un mot même qui ne se trouve ni sur la circulaire, ni sur le bulletin, elle doit être elle-même déposée au parquet.

Les affiches des candidats peuvent être placardées par tout le monde, sans autorisation et sans déclaration aucune, même dans les communes où l'affichage est réglementé.

Mais le candidat fera bien de ne point négliger l'afficheur officiel ; cet honnête citoyen n'est pas toujours grand légiste, et quand il se voit privé de son petit bénéfice, il croit pouvoir quelquefois se faire justice à lui-même en déchirant les affiches qui lui ont fait de l'opposition.

Les affiches des candidats doivent être sur papier de couleur.

Elles ne sont pas dispensées du droit ordinaire de timbre variable selon la dimension.

Elles ne peuvent être apposées aux endroits réservés pour les affiches des lois et actes de l'autorité.

Ces règles s'appliquent sans distinction à tous les candidats, même à ceux de l'administration ; si donc ils ne s'y étaient pas soumis, tous les citoyens auraient le droit de requérir le maire de faire enlever les affiches. L'administration ne peut dispenser personne de payer un impôt ordonné par la loi.

Rien ne serait plus illégal que cette différence de situation ; les dépenses d'une candidature atteignent souvent un chiffre assez élevé, celui qui se trouverait affranchi des frais jouirait d'une publicité sans limites. Ses concurrents paièraient en proportion de leur propagande, ce serait le cens électoral rétabli sous une forme toute nouvelle, un impôt sur l'opposition.

Une atteinte aussi grave à l'égalité des candidatures devrait entraîner la nullité de l'élection.

4. — Pénalités contre les troubles apportés à la distribution.

Si une personne quelconque essayait de mettre obstacle à la libre distribution ou à l'affichage des circulaires et des bulletins, fût-ce un agent de l'administration entraîné au delà de ses devoirs par un zèle indiscret, l'électeur devrait faire constater ce fait par des témoins dignes de foi, ou par le ministère d'un huissier, et continuer paisiblement sa distribution, malgré toutes les injonctions et toutes les menaces. Il devrait de plus dénoncer au candidat qu'il soutient, à l'administration et au procureur impérial cet attentat à la liberté électorale, et poursuivre le coupable devant les tribunaux correctionnels.

La saisie des professions de foi et des bulletins,

l'arrestation des distributeurs, les menaces qui leur seraient adressées, les dons ou les promesses auxquels on aurait recours pour les détourner de leur distribution, rendraient leurs auteurs passibles des pénalités sévères prononcées par les art. 38, 39 et 40 de la loi électorale (1), la durée de l'emprisonnement varie selon les cas d'un mois à deux ans et l'amende peut s'élever de cent francs à cinq mille francs.

La peine est du double si le coupable est fonctionnaire public.

En outre, ces attentats à la liberté de l'élection peuvent, lorsqu'ils sont commis par des fonctionnaires, constituer des abus d'autorité punis par les art. 114, 184, 186 et 198 du Code pénal. (Voyez le chapitre 2 de la cinquième partie).

_____

(1) Voyez ces articles au chap. 2 de la cinquième partie.

3

Diverses questions.

Les textes officiels si explicites et si clairs que nous venons de rapporter ne peuvent donner lieu à aucune difficulté d'application, mais il pourrait arriver que des administrations locales, faute d'en avoir bien compris la portée, élevassent certaines prétentions contre lesquelles nous devons prémunir nos lecteurs.

1° Des Préfets, tout en reconnaissant le droit des électeurs de se remettre entre eux des circulaires et des bulletins, pourraient peut-être prétendre que les personnes chargées de faire une distribution générale dans les maisons ou sur la voie publique doivent être munies d'une autorisation.

Cette prétention ne saurait être sérieusement soutenue: l'article 10 de la loi de 1850, l'arrêt de la Cour de cassation, les circulaires du Ministre de l'intérieur ne font aucune distinction entre les distributeurs des candidats et les autres électeurs ; il n'est pas possible d'en créer une arbitrairement : liberté et permission sont deux choses qui s'excluent. Nous pensons donc que si jamais des Préfets élevaient une telle exigence, en face du refus formel d'un candidat de s'y soumettre, ils feraient un nouvel examen de la loi, et s'empresseraient de reconnaître leur erreur.

Indiquons toutefois les moyens légaux de résistance :

Les candidats pourraient refuser de demander aucune autorisation pour les porteurs de leurs circulaires et leurs bulletins ; si la distribution est arrêtée, constater l'empêchement en prenant des témoins et traduire devant le tribunal correctionnel l'agent qui l'a suspendue, dénoncer le fait au Préfet et lui faire sommation d'avoir à donner les ordres nécessaires pour que la distribution ne soit plus entravée ; s'il refuse, se pourvoir au Conseil d'État contre la décision du Préfet, et ensuite demander la nullité de l'élection.

Les candidats pourraient encore demander au Préfet une autorisation pour leurs distributeurs, mais le prévenir en même temps, par une lettre rendue publique, qu'ils feront faire tel jour et à tel endroit une distribution par une personne non autorisée. Le Préfet se trouverait ainsi dans l'alternative ou de renoncer publiquement à sa prétention, ou de faire intenter contre le candidat et le distributeur une poursuite dont le résultat ne serait pas douteux : leur acquittement trancherait la question.

2° Des maires et des agents de l'autorité, surtout dans les campagnes, pourraient s'imaginer que le jour de l'élection, le porteur des bulletins du candidat de l'administration a seul le droit de stationner sur la voie publique aux abords de la salle du scrutin, et que les distributeurs des autres candidats doivent être écartés.

Une telle idée est aussi ridicule que contraire à la loi et aux instructions du gouvernement. Ceux qui auraient recours à ces manœuvres déloyales compromettraient l'administration en croyant la servir, et encourraient de sa part un blâme sévère.

Nous engageons vivement les candidats à EXIGER

que le jour du vote leurs distributeurs STATIONNENT aux environs de la salle du scrutin ; cela est d'autant plus nécessaire que dans les campagnes surtout un grand nombre d'électeurs oublient d'apporter les bulletins qui leur ont été remis.

Si le distributeur d'un des candidats était écarté, chaque électeur aurait le droit de requérir le président du bureau, qui seul a la police des environs de la salle, de donner les ordres nécessaires pour que la distribution pût être librement continuée, la réclamation serait insérée au procès-verbal ; de plus, le fait devrait être constaté par témoins, on pourrait poursuivre l'auteur du trouble devant les tribunaux correctionnels et demander, selon les cas, la nullité de l'élection.

3° Il serait encore possible que le président du bureau fît déposer sur la table un paquet des bulletins qui lui semblent orthodoxes, en refusant aux autres la même faveur.

Rien encore n'est plus illégal.

Régulièrement les bulletins d'aucun des candidats ne doivent être admis dans la salle du scrutin ;

ils nuisent au secret des votes, puisque chacun peut voir à quelle source va puiser l'électeur. L'article 21 du Décret réglementaire des 21-22 février 1852, dit formellement que les électeurs doivent apporter leurs bulletins *préparés en dehors de l'assemblée.*

Chaque électeur présent a donc le droit de demander au président que les bulletins déposés sur le bureau soient exclus de la salle, ou tout au moins que ceux de tous les candidats y soient également admis. Le président, qu'il fasse ou non droit à cette réclamation, est obligé de la consigner au procès-verbal, où elle peut devenir une cause de nullité des opérations électorales. S'il allait jusqu'à s'y refuser, on devrait lui adresser une sommation par huissier. (Voyez au surplus, sur ce point, le chapitre *des Opérations électorales*).

CHAPITRE VI.

DU DROIT DES ÉLECTEURS DE CRÉER DES CANDIDA-
TURES. — RÉSUMÉ DES CHAPITRES PRÉCÉDENTS.

Pour terminer ce long exposé des moyens par
lesquels les candidatures peuvent se produire, un
dernier point nous reste à examiner : c'est le droit
pour chaque électeur de créer lui-même des candidatures, d'appeler l'attention publique sur un nom
injustement oublié. Il est des hommes, moins rares
qu'on ne pense, qu'une modestie trop grande, l'absence d'ambition, des raisons de dignité personnelle
parfois empêchent de venir eux-mêmes s'offrir. Ils
s'honoreraient du choix de leurs concitoyens, mais

ne feraient pas un pas pour briguer les suffrages.
La nation a-t-elle le droit d'aller les chercher dans
leur retraite pour les revêtir de son mandat?

« Il est (disait à la Cour de cassation M. le procu-
» reur général de Royer en discutant le 30 janvier
» 1857 la question des bulletins électoraux), il est
» pour l'électeur un droit dont nous maintiendrons
» aussi haut que personne le caractère et l'inviola-
» bilité ; c'est celui de choisir, pour lui confier son
» mandat, l'homme que lui désigne sa volonté la
» plus libre et la plus arbitraire, fût-ce l'homme le
» plus suspect et le plus hostile ; c'est le droit de
» déposer dans l'urne électorale, secrètement, sans
» obstacle, sans recherches possibles, le nom qui a
» fixé son choix ; c'est là un droit incontesté, ab-
» solu, inaliénable ; s'il était en péril, il faudrait
» aviser au moyen de le protéger. »

Mais l'année suivante, le gouvernement fit rendre
le sénatus-consulte des 17-19 février qui exige le
serment préalable des députés au Corps législatif, et aujourd'hui dans les élections les plus importantes, les citoyens ne peuvent porter valablement

leurs suffrages que sur les candidats qui ont déposé le serment (1).

Dans les élections départementales et municipales, l'électeur est toujours maître absolu de son vote, il peut le donner même à l'homme qui garde le silence, son choix n'est pas limité à ceux qui se sont portés candidats.

Mais, quand le résultat dépend de milliers de suffrages, quel effet peut produire cette indépendance isolée ? Constatons donc la liberté de l'électeur, mais voyons jusqu'à quel point il a le droit de se faire le promoteur de la candidature qu'il a créée, de la propager, de la soutenir, de se concerter avec les autres électeurs.

La réponse à cette question résulte des précédents chapitres, son examen sera pour nous l'occasion de résumer, en nous plaçant à un nouveau point de vue, toute cette partie de l'ouvrage ; nous avons surtout fait ressortir les droits des candidats ; c'est aux droits de l'électeur que nous allons nous attacher ici.

(1) Voy. ce sénatus-consulte au chap. 1er de la 4e partie.

Une réflexion vient tout d'abord s'offrir à l'esprit : la loi autorise tout ce qu'elle ne défend pas ; or, il s'agit ici d'une des libertés les plus importantes des citoyens, si donc le législateur a cru devoir la réglementer, c'est par une disposition expresse inscrite dans la Constitution, tout au moins dans le Décret organique sur les élections, que les limites du droit devraient être nettement tracées.

La Constitution et la loi électorale ne contiennent sur ce point aucune disposition ; il semble donc que la liberté devrait rester entière. Mais en assimilant les bulletins électoraux aux écrits ordinaires et en les soumettant aux mêmes règles pour leur distribution, on a créé des restrictions considérables.

Parcourons rapidement l'ensemble des moyens de publicité que nous avons exposés.

Réunions et comités électoraux. — Chacun peut, sous les conditions que nous avons indiquées, provoquer la formation d'un comité électoral ou d'une réunion publique, et user de son influence pour faire adopter le citoyen dont les titres lui semblent poser la candidature.

Presse. — La presse par sa nature même est sous tous les gouvernements libres, un des moyens les plus puissants, de produire et de discuter les candidatures ; c'est même là une de ses missions les plus hautes et les plus légitimes. Celui qui est assez heureux pour disposer aujourd'hui d'un journal, peut donc appeler les suffrages sur un nom, et engager les électeurs à s'y rallier.

Ecrits de toute nature. — Chacun a le droit de rédiger des écrits sur les élections, des circulaires, par exemple, pour proposer ou soutenir une candidature. Il peut librement les envoyer par la poste en aussi grand nombre qu'il veut, mais pour les répandre par des distributions, l'autorisation du Préfet est nécessaire *sans distinction d'époque.*

L'art. 10 de la loi de 1850 n'accorde en effet la libre distribution pendant les vingt jours qui précèdent le scrutin, qu'aux écrits *émanés des candidats et déposés au parquet revêtus de leurs signatures.*

Bulletins électoraux. — Le moyen le plus généralement adopté pour propager une candidature, consiste dans la distribution de bulletins qui deviennent ensuite l'instrument du vote.

On voit donc combien l'assimilation établie entre les bulletins électoraux et les écrits, restreint ici la liberté des électeurs ; si tout en acceptant d'être porté par ses concitoyens, le candidat persiste dans son abstention, les bulletins, comme les circulaires ne pourront être distribués sans l'autorisation du Préfet.

Toutefois, le gouvernement n'a pas voulu permettre même une équivoque sur l'usage des pouvoirs qui lui étaient ainsi laissés, et les principes qui doivent régler sa conduite se trouvent nettement tracés dans une circulaire du Ministre de l'intérieur (M. Billault), du 24 avril 1856, adressée aux Préfets. Nous la reproduisons ici tout entière :

« A l'occasion d'un récent débat sur la distribution
» des bulletins de vote en matière d'élections munici-
» pales, on a mis en suspicion d'une manière générale
» la libre et loyale pratique du suffrage universel. Ce
» principe fondamental de nos institutions ne doit être

» l'objet d'aucun doute, d'aucune équivoque; l'Empe-
» reur *veut que le suffrage universel soit parfaitement*
» *libre, il veut de plus que tout le monde le sache bien.*

» Je crois donc devoir vous rappeler les règles sim-
» ples et précises qui, conformément à la loi et à la
» jurisprudence, forment sur ce point notre droit pu-
» blic.

» Suivant l'article 10 de la loi du 16 juillet 1850, pen-
» dant les vingt jours qui précèdent l'élection, les cir-
» culaires et professions de foi signées des candidats,
» peuvent, après dépôt au parquet du procureur impé-
» rial, être affichées et distribuées sans qu'il soit be-
» soin d'aucune autorisation.

» Le bulletin de vote, portant le nom du candidat,
» est une annexe naturelle de sa circulaire et doit être
» librement distribué avec elle, toute candidature
» avouée par celui qui en est l'objet a donc ainsi par-
» faite liberté pour se produire et pour faire distribuer
» aux électeurs le moyen matériel d'exprimer leur
» choix. »

C'est là ce que nous avons établi au précédent chapitre : lorsque le candidat lui-même se présente aux
électeurs et dépose au parquet sa signature, aucun
empêchement ne peut, dans aucun cas, sous quelque
prétexte que ce soit, être apporté à ses distributions.

Le Ministre continue, et dans cette seconde partie, il développe lui-même le sujet dont nous nous occupons ici :

« Mais cette exception à la loi générale sur la distri-
» bution des écrits ou imprimés n'a été admise qu'en
» faveur des candidatures dont la réalité est garantie et
» la responsabilité publiquement acceptée par la cir-
» culaire signée du candidat.
» Elle ne profite pas aux distributeurs *anonymes* de
» bulletins de vote, elle ne leur permet pas aveuglé-
» ment le colportage de noms qui, publiés souvent sans
» l'assentiment, ou même parfois malgré l'incapacité
» légale de ceux qui les portent, peuvent devenir l'occa-
» sion d'un trouble ou d'un scandale public ; pour ces
» distributions le droit commun reprend son empire et
» l'autorisation doit être demandée. Mais comme l'a
» déclaré, au nom du gouvernement, à la séance du
» Corps législatif, M. le président du Conseil d'État,
» *vous devez, en statuant sur ces demandes, accorder à*
» *tous les citoyens la plus grande latitude, vous n'ou-*
» *blierez pas que la prohibition doit être rare, excep-*
» *tionnelle, motivée par le danger d'un scandale ou*
» *d'un trouble public et que jamais elle ne saurait être*
» *une faveur indirecte au profit d'une candidature pré-*
» *férée.* »

» Ces règles sont simples, monsieur le Préfet, elles
» assurent au suffrage universel la plus entière liberté,
» *l'Empereur entend qu'elles soient loyalement prati-*
» *quées.* »

La dignité du gouvernement est engagée dans
l'entière et loyale exécution de déclarations si solennelles. Ainsi donc, en dehors de ces circonstances RARES, EXCEPTIONNELLES, où l'on a devant
soi le danger d'un trouble ou d'un scandale public, les Préfets ne devront jamais refuser l'autorisation pas plus au simple paysan qui veut intervenir dans l'élection de sa commune, qu'à l'homme
influent qui peut agir dans une circonscription plus
étendue.

Si cependant un citoyen essuyait un refus qui lui
parût mal fondé, si humble que fût cet homme, il
ne devrait point hésiter à recourir de la décision du
Préfet à celle du Ministre de l'intérieur auteur de la
déclaration, qui, d'une sphère plus élevée, jugerait
avec plus de lumière et de liberté ; il devrait rendre
sa réclamation publique afin que chacun, compa-

rant le refus avec les circonstances, pût éclairer le gouvernement, afin que la justice qui lui serait rendue, portée à la connaissance de tous, servît désormais d'exemple et d'encouragement.

Quelques considérations générales résument dans son ensemble la législation que nous venons de parcourir.

Parmi les moyens de publicité et de discussion dont les candidats et les citoyens peuvent user dans les élections, il faut aujourd'hui établir une grande division.

Les uns sont entièrement libres, ou assujétis à de simples formalités qu'il dépend de chacun de remplir.

Les autres (les plus nombreux et les plus puissants) sont soumis à la nécessité d'une autorisation que le gouvernement s'est attribué le droit d'accorder ou de refuser sans contrôle.

Ce pouvoir discrétionnaire trouve un tempérament dans la publicité que chaque citoyen peut toujours donner à ses demandes et dans l'opinion publique que cette publicité peut émouvoir.

Mais dans le domaine de la tolérance, la condition doit au moins être la même pour tous. Si un candidat ou des électeurs mettent en œuvre des moyens qui supposent une autorisation, les autres candidats et les autres électeurs ont droit à une autorisation semblable ; si elle leur était refusée, il n'y aurait plus d'égalité, plus de lutte possible entre les diverses opinions, le principe même de nos institutions se trouverait vicié, l'élection ne serait plus l'expression du pays, elle deviendrait une vaine représentation, et sa puissance politique suivrait de près la décadence de son autorité morale.

TROISIÈME PARTIE

DES OPÉRATIONS ÉLECTORALES.

TROISIÈME PARTIE

DES OPÉRATIONS ÉLECTORALES.

Convocation des électeurs, Distribution des cartes. — Division des communes en sections électorales, Mesures préparatoires. — Installation du bureau. — Police de l'assemblée, Pouvoirs du président. — Attributions du bureau, Réclamations des électeurs. — Mesures d'ordre. — Ouverture du scrutin. — Vote des électeurs. — Formalités du scrutin, Garanties du secret des votes. — Mesures prescrites pour assurer l'intégrité du scrutin. — Clôture du scrutin. — Dépouillement du scrutin. — Procès-verbal, Constatation des irrégularités.

Les règles auxquelles la loi a soumis les opérations électorales sont les mêmes pour les élections législatives et pour les élections départementales et municipales, à part quelques légères différences de forme que nous indiquons dès à présent, ou que nous ferons connaître au chapitre spécial qui concerne chacune de ces élections (1).

1

Convocation des électeurs. — Distribution des cartes.

Les citoyens sont convoqués aux élections législatives par un décret impérial.

Pour les élections départementales et municipales, un décret impérial fixe d'ordinaire le délai

(1) En signalant dans le cours de ce chapitre les fraudes et les irrégularités de toute nature qui pourraient être commises, nous avons souvent occasion de répéter qu'elles PEUVENT entraîner la nullité des opérations.

On verra au chapitre 1ᵉʳ de la 5ᵉ partie comment les causes de nullité s'apprécient et suivant quels principes on juge de la validité d'une élection.

Les nullités dont il est ici question ne concernent que les opérations de la commune, ou de la section électorale dans laquelle les faits irréguliers se sont passés.

dans lequel elles doivent avoir lieu dans toute la France et quelquefois même détermine le jour; les électeurs sont convoqués par arrêté préfectoral.

Le décret ou l'arrêté qui convoque les électeurs doit être rendu public par des affiches; l'heure de l'ouverture et celle de la clôture du scrutin sont annoncées par le même moyen.

Le mode de publicité doit être le même pour tous; des lettres de convocation particulières, un appel spécial adressé par l'administration à une certaine catégorie de citoyens font annuler l'élection dont elles altèrent la sincérité.

Il est d'usage, qu'avant le jour du vote, des cartes d'électeurs soient remises à tous les citoyens inscrits sur la liste électorale; c'est là une simple mesure d'ordre destinée à constater leur identité, mais le droit de l'électeur ne résulte point de la carte qu'il reçoit, il résulte de son inscription sur la liste.

Tout électeur inscrit a le droit de prendre part au vote, quand bien même il n'aurait pas de carte; il lui suffit de faire constater son identité par les

6.

membres du bureau qui ont la liste sous les yeux ou par les électeurs présents.

Chaque électeur doit aller retirer sa carte à la mairie, elle ne saurait lui être refusée; mais l'administration municipale fait ordinairement porter les cartes à domicile; cet usage peut donner lieu à des irrégularités de plus d'un genre.

D'abord si un grand nombre d'électeurs avaient été omis dans la distribution, l'élection pourrait être annulée; souvent, en effet, surtout dans les campagnes, ceux qui n'ont pas reçu de carte croient n'avoir pas le droit de prendre part au vote.

Le bulletin du candidat officiel est quelquefois distribué attenant à la carte d'électeur; ce procédé est blâmable, il porte atteinte au secret des votes, puisqu'il permet de voir si l'électeur a séparé à l'avance la carte du bulletin, puis des citoyens ignorants se croient obligés d'apporter au bureau tout ce qui leur a été remis : le bulletin et la carte. Un fait pareil pourrait suffire à entraîner la nullité de l'élection.

La remise des cartes ne doit pas devenir une occasion de propagande, encore moins de coupables manœuvres; des promesses, des menaces, des bruits faux ou calomnieux répandus par les agents chargés de la distribution rendraient l'élection nulle et entraîneraient contre leurs auteurs l'application des peines prononcées par les articles 38 et 39 de la loi électorale.

2

Division des communes en sections électorales.
Mesures préparatoires.

Le Préfet peut prendre un arrêté pour diviser une commune en plusieurs sections, lorsque le nombre des électeurs inscrits rend cette mesure nécessaire, il peut établir des sections hors du chef-lieu de la commune dans les hameaux qui en dépendent.

C'est au Préfet seul en conseil de préfecture qu'il appartient de faire cette division et de fixer les limites des sections; il ne pourrait déléguer cette attribution au maire.

Les sections, simples divisions territoriales, ne sauraient devenir un classement des personnes, chacune d'elle doit être formée par la réunion de quartiers voisins et non composée d'électeurs choisis dans toute l'étendue de la commune.

Chaque citoyen exerce ses droits dans la circonscription où il a son domicile.

L'inobservation de ces règles entraine la nullité de l'élection. (Conseil d'État 14 mai 1856).

Il ne saurait donc être permis de former une section particulière des ouvriers d'un port ou d'un arsenal qui habitent snr différents points de la commune; sous prétexte de leur éviter un déplacement, on risquerait de porter une grave atteinte à leur liberté et de soumettre leurs votes à une organisation aussi régulière que leur travail.

L'arrêté préfectoral qui établirait une semblable section devrait être immédiatement déféré au Ministre de l'intérieur, ou au Conseil d'Etat pour excès de pouvoir, et le vote sorti de tels comices ne résisterait pas à une protestation.

Le maire dresse les listes partielles des électeurs

de chaque circonscription suivant les limites déterminées par le Préfet. Les citoyens qui possèdent
des maisons ou des magasins dans plusieurs quartiers doivent être inscrits dans la section où se
trouve leur domicile réel, c'est-à-dire leur principal
établissement.

Si le maire s'écartait dans cette répartition des
bases fixées par le Préfet, l'élection qui aurait lieu
sur ces listes irrégulières pourrait être annulée.

Lorsque la commune ne possède pas de bâtiments
convenables, le maire s'entend avec le Préfet sur la
désignation du lieu où se tiendra l'assemblée. La
salle doit être assez spacieuse pour qu'un nombre
considérable d'électeurs puissent assister aux opérations et en surveiller la régularité ; si le défaut
d'espace n'a pas permis ce contrôle, l'élection est
annulée lorsque sa sincérité a pu en souffrir.

3

Installation au bureau.

La salle doit être ouverte d'assez bonne heure pour que le scrutin puisse commencer à huit heures précises ; tous les électeurs présents ont le droit d'entrer.

Le bureau de chaque collége ou section est composé d'un président, de quatre assesseurs et d'un secrétaire.

L'assemblée est présidée par le maire : s'il y a plusieurs sections, la première est présidée par le maire, les autres par les adjoints et les conseillers municipaux sachant lire et écrire, dans l'ordre du tableau ; à leur défaut seulement, le maire désigne les présidents parmi les électeurs sachant lire et écrire.

C'est au maire seul qu'il appartient de faire cette désigation ; le Préfet n'a point le droit de choisir les présidents des sections, toute intervention de sa part rend nulle l'élection dont elle a pu influencer le résultat.

Le président procède immédiatement à la formation du bureau ; il appelle à siéger comme assesseurs, les conseillers municipaux sachant lire et écrire ; à leur défaut, les deux plus âgés et les deux plus jeunes électeurs présents sachant lire et écrire ; s'il n'y a qu'une place vacante le président appelle à siéger le plus âgé seulement ; s'il y en a deux, le plus âgé et le plus jeune ; s'il y en a trois, les deux plus âgés et le plus jeune.

Les électeurs éclairés qui désirent être membres du bureau pour exercer une surveillance plus efficace doivent donc se trouver présents à l'ouverture de la salle, surtout les plus âgés et les plus jeunes d'entre eux.

Si le maire nommait à l'avance les assesseurs, si le président appelait à dessein à ces fonctions d'autres personnes que celles désignées par la loi et les installait au bureau malgré les réclamations des électeurs, les opérations seraient annulées.

(Voyez décrets 28 décembre 1858 et 11 août 1859) (1).

Le président et les assesseurs désignent à la majorité des voix un des électeurs présents pour remplir les fonctions de secrétaire ; dans les délibérations du bureau le secrétaire n'a que voix consultative, il donne son avis sans participer à la décision.

Trois membres au moins doivent être présents au bureau pendant tout le cours des opérations ; cette prescription a pour but d'assurer une surveillance efficace et permanente ; si des bulletins étaient déposés pendant que le bureau se trouve réduit à deux membres, l'élection pourrait être annulée.

Si un membre du bureau s'absente assez longtemps pour donner lieu de penser qu'il a déserté ses fonctions, le président pourvoit à son remplacement, suivant les règles que nous avons tracées.

La table où siége le bureau doit être disposée de manière que les électeurs puissent circuler librement à l'entour afin d'observer plus aisément tout

_____

(1) Les décrets que nous citons ici sont des décisions du Conseil d'État.

ce qui se passe. Si pour empêcher ce contrôle on rendait la circulation impossible, l'élection pourrait être annulée. (Décret 16 avril 1856).

4

Police de l'assemblée. — Pouvoirs du président.

La police de l'assemblée consiste à maintenir l'ordre à l'intérieur et aux abords de la salle du scrutin, à assurer l'exécution de la loi, à garantir la liberté des suffrages.

Le président du collége ou de la section a seul la police de l'assemblée, nulle force armée ne peut sans son autorisation entrer dans la salle, ni même stationner aux abords, les autorités civiles et les commandants militaires sont tenus de déférer à ses réquisitions, sans que nul ait le droit de leur donner des ordres contraires.

Mais le président ne doit appeler la force armée dans l'intérieur de la salle, que si un trouble grave l'y oblige, et il doit la faire retirer aussitôt le calme rétabli. Il ne permettra point qu'on rassemble aux portes du lieu où se tient l'assemblée, des gendarmes, des agents de police, des gardes-champêtres, etc.... qui semblent n'être là que pour observer les électeurs. Tout déploiement de force qui n'est pas nécessaire au maintien de l'ordre paraît une mesure d'intimidation, une surveillance indiscrète destinée à gêner la liberté des votes, et peut entraîner la nullité de l'élection. Les électeurs ne doivent souffrir aucun appareil de ce genre, et chacun d'eux a le droit de requérir le président de donner à tous les agents de la police ou de la force publique l'ordre de se retirer ; la réclamation reste consignée au procès-verbal.

Nous avons établi que les porteurs des bulletins de tous les candidats ont le droit de stationner aux abords de la salle ; si l'un d'eux était écarté, tout électeur pourrait demander au président d'ordonner qu'on laisse continuer paisiblement la distribution. Cette réclamation devrait être consignée au procès-verbal ; s'il n'y était pas fait droit, l'électeur devrait également le faire constater, et les opérations pourraient être annulées.

5

Attributions du bureau. — Réclamations des électeurs.

Le bureau prononce provisoirement sur toutes les difficultés auxquelles peuvent donner lieu les opérations électorales ; mais ses attributions ne s'étendent point à d'autres objets.

Ainsi : il ne peut statuer sur la capacité électorale d'un citoyen. La liste et les décisions judiciaires sont pour lui des titres incommutables.

Il n'est point juge de la capacité des candidats ni des incompatibilités. (Décret 26 mars 1856).

Tout électeur a le droit d'adresser au bureau ses réclamations ; elles doivent, ainsi que la décision du bureau, être insérées au procès-verbal ; Les pièces et les bulletins qui s'y rapportent sont annexés après avoir été paraphés par le président et les assesseurs.

Tout électeur a également le droit d'exiger la consignation au procès-verbal de tous les faits dont il juge utile de conserver la preuve, par exemple des irrégularités qu'il a remarquées.

Les réclamations, quel que soit leur objet, peuvent être adressées verbalement au bureau ; mais pour que sa pensée soit plus fidèlement rendue, l'électeur fera bien de rédiger lui-même et de déposer sa réclamation.

Les décisions du bureau doivent être motivées, on peut toujours, en attaquant l'élection, les déférer aux juridictions compétentes.

6

Mesures d'ordre.

Les colléges électoraux ne peuvent s'occuper que de l'élection pour laquelle ils sont réunis, toutes discussions et toutes délibérations leur sont interdites.

Le bureau ne doit donc point souffrir qu'un de

ses membres, un fonctionnaire, ou une personne quelconque adresse une allocution à l'assemblée en faveur d'un candidat ; de tels discours suffiraient à entraîner la nullité de l'élection.

Aucun citoyen, aucun fonctionnaire, s'il n'est électeur, ne peut entrer dans la salle, le président doit immédiatement enjoindre aux étrangers de se retirer.

Nul électeur ne peut entrer dans la salle s'il est porteur d'armes apparentes ou cachées. Celui qui enfreindrait cette prescription serait passible d'une amende de 16 à 100 francs, si les armes étaient apparentes; la peine serait un emprisonnement de quinze jours à trois mois et une amende de 50 à 500 francs, si les armes étaient cachées.

Les bulletins d'aucun des candidats ne doivent être admis dans la salle, chacun a donc le droit de requérir le bureau de les faire enlever. Le rejet de cette demande pourrait devenir une cause de nullité de l'élection. La demande et la décision sont inscrites au procès-verbal.

Au reste, les électeurs ont encore un moyen bien

simple à employer, c'est de prendre des bulletins
des autres candidats et de les mêler à ceux qu'on aurait déposés sur la table ; ils peuvent agir ainsi ou-
vertement sans que nul ait le droit de leur adresser
même un reproche, et recommencer si l'on apporte
d'autres bulletins.

7

Ouverture du scrutin.

Le président ouvre la boîte du scrutin et constate
avec les membres du bureau et tous les électeurs
présents qu'elle ne renferme aucun bulletin et ne
peut en recevoir que d'un seul côté, puis il la ferme
avec deux serrures, l'une des clefs reste entre ses
mains, l'autre dans celles du plus âgé des assesseurs.

L'inobservation de ces formalités entraîne la nullité des opérations lorsqu'elle laisse des doutes sur
leur sincérité.

Une copie officielle de la liste des électeurs arrêtée le 31 mars précédent et du tableau de rectification (1) est déposée sur la table autour de laquelle
siége le bureau.

Le président déclare le scrutin ouvert et constate
l'heure de cette ouverture.

Le secrétaire commence le procès-verbal en rela-
tant l'accomplissement de toutes les formalités pré-
liminaires que nous venons de décrire, il mentionne
les noms du président et des assesseurs et leurs
titres à remplir ces fonctions.

8

Vote des électeurs.

Tout citoyen inscrit sur la liste électorale a le
droit de prendre part au vote ; s'il n'a pas de carte

_____

(1) Ce tableau de rectification ne peut comprendre que les modifications résultant de décisions du Juge de paix sur des réclamations formées en temps utile, de décès, ou de jugements emportant incapacité. (Voyez ci-dessus, page 22).

d'électeur, il lui suffit, comme nous l'avons dit, de faire constater son identité par les membres du bureau ou par les électeurs présents. Aucun doute ne peut s'élever à cet égard. (Décret 13 février 1856).

C'est la majorité du bureau qui prononce ; le président ne peut refuser l'électeur dont elle a reconnu l'identité. (Décret 21 juin 1859).

Si des électeurs inscrits ne sont pas admis à voter, ils doivent adresser une protestation au bureau ; chacun des autres électeurs a le même droit. L'élection est annulée toutes les fois que la majorité pourrait se trouver déplacée par les votes arbitrairement refusés (1). (Décret 10 septembre 1856).

La protestation doit donc préciser avec soin le nombre des électeurs privés de leurs droits et s'il est possible, indiquer le nom de chacun d'eux.

Le droit de voter est suspendu pour les déte-

---

(1) Le calcul est bien simple, il suffit d'ajouter aux candidats qui ont eu la minorité, un nombre de voix égal à celui des électeurs non admis.

La nullité de l'élection ne dépendrait plus de ce calcul si on prétendait qu'en refusant certains votes, le bureau a voulu intimider les électeurs. Mais ce nouveau grief devrait être articulé et la réclamation comprendrait alors deux chefs distincts.

nus, pour les accusés contumaces et pour les personnes qui, sans être interdites (elles ne seraient
pas portées sur la liste), sont placées dans un établissement public d'aliénés en vertu de la loi du
30 juin 1838.

Nul ne peut voter s'il n'est inscrit sur la liste.

Mais nous avons vu au chap. des listes électorales
qu'une décision du juge de paix ordonnant l'inscription d'un électeur, ou un arrêt de la Cour de
cassation annulant un jugement qui aurait pro-
noncé une radiation, peuvent quelquefois n'être
rendus qu'après la clôture de la liste ; le citoyen porteur d'une de ces décisions doit être admis à voter
quoique non inscrit.

Si après la clôture des listes, des électeurs y
avaient été ajoutés, si des individus non inscrits
avaient reçu des cartes et participé au vote, l'élection serait nulle toutes les fois que le nombre de ces
électeurs sans droit aurait pu modifier le résultat.
(Décret 7 juin 1859 ; — Arrêté du conseil de préfecture des Bouches-du-Rhône du 20 septembre 1860.)

Tout électeur inscrit aurait le droit de s'opposer

7

à l'admission de ces votes irréguliers et de les faire constater à mesure qu'ils se produisent.

Les citoyens doivent se rendre librement au scrutin sans être soumis à aucune contrainte, à aucune surveillance; si quelqu'un réunissait les électeurs qui peuvent se trouver sous sa dépendance et après leur avoir remis des bulletins les menait voter sous ses yeux, ces votes seraient nuls et pourraient entraîner la nullité de l'élection. Ce serait le devoir de tous les électeurs de faire constater cette manœuvre au procès-verbal.

Si une intimidation quelconque avait été exercée, le coupable serait passible des peines prononcées par l'art. 39 de la loi électorale.

Chaque électeur doit apporter lui-même son vote, il ne peut l'adresser par écrit au bureau, ni charger personne de voter pour lui.

Le maire n'a donc point le droit de déposer des bulletins pour des citoyens qui ne se présentent pas; il ne peut davantage autoriser des femmes à voter pour leurs maris, des pères pour leurs fils et *viee versâ*.

De tels votes seraient une violation flagrante de la loi et entraîneraient la nullité de l'élection.

En outre, le membre du bureau qui se permettrait de soustraire des bulletins, de les changer, ou d'en ajouter, par exemple en votant pour des électeurs absents, serait passible d'un emprisonnement d'un an à cinq ans et d'une amende de 500 fr. à 5,000 fr.

Tous les électeurs auraient le droit de le traduire devant le tribunal correctionnel pour faire prononcer contre lui cette condamnation.

La même peine est appliquée à tout individu qui, chargé par un électeur d'écrire son suffrage, n'a pas inscrit sur le bulletin le nom qui lui était désigné.

9

Formalités du scrutin. — Garanties du secret des votes.

Régulièrement, les électeurs devraient être appelés par ordre alphabétique et venir déposer leur bulletin à l'appel de leur nom; mais l'exécution de cette mesure est impossible, et dans la pratique on y a complétement renoncé : chaque citoyen est admis à voter à l'heure où il arrive dans la salle.

Un des scrutateurs prend la carte du votant et vérifie si le nom se trouve bien inscrit sur la copie de la liste déposée sur le bureau ; il constate le vote en apposant son paraphe en marge du nom, puis il déchire un des angles de la carte et la remet à l'électeur pour qu'il puisse s'en servir s'il y a un second tour de scrutin.

L'électeur doit apporter son bulletin préparé en dehors de l'assemblée, sur papier blanc, et sans signes extérieurs.

Le président doit refuser de recevoir les bulletins sur papier de couleur ou sur papier d'une nature particulière qui permettrait de les reconnaître ou de lire le nom à travers les plis et ceux qui portent des signes extérieurs. L'électeur a le droit de sortir pour prendre un autre bulletin.

Le votant présente son bulletin fermé au président qui le dépose dans l'urne, après s'être assuré qu'il n'y en a pas d'autre renfermé sous le même pli.

Le président n'a point le droit de déplier les bulletins qu'on lui présente, ni de chercher d'une façon quelconque à découvrir quel nom ils renferment.

Il ne pourrait, sans commettre une fraude des plus coupables, apposer des marques sur les bulletins, ou diviser la boîte du scrutin en deux compartiments afin de mettre à part les votes qu'il veut connaître.

Tous les électeurs devraient requérir le bureau de faire cesser une telle manœuvre, et si elle avait pu produire quelque effet, la nullité de l'élection en serait la conséquence.

L'électeur n'a point le droit de voter à bulletin ouvert, tout bulletin qui n'est pas fermé doit être refusé par le bureau.

Le secret des votes n'est pas en effet un droit individuel auquel chacun soit libre de renoncer, c'est une garantie collective destinée à assurer la liberté électorale ; le secret de chacun est la condition du secret de tous ; en dévoilant son vote on porte atteinte au droit des autres électeurs.

C'est ce qu'a formellement reconnu un décret du conseil d'Etat du 30 décembre 1858.

« Considérant, dit le décret, qu'aux termes des articles 21 et 22 du décret du 2 février 1852, tout électeur appelé à voter apporte son bulletin préparé en dehors de l'assemblée et le remet fermé au président qui le dépose dans la boîte du scrutin, qu'ainsi, aucun électeur n'a le droit de présenter son bulletin ouvert au président qui lui-même a le devoir de refuser tout bulletin qui lui est présenté ouvert. »

Les bulletins de couleur ou portant des signes extérieurs qui parviendraient à s'introduire dans l'urne seraient détruits sans être lus.

Les bulletins portant des signes intérieurs, c'est-à-dire visibles seulement quand ils sont dépliés, doivent être annulés toutes les fois que ces signes peuvent fournir une indication sur le vote d'un électeur.

Bien plus, si un certain nombre d'électeurs venaient au scrutin avec des bulletins sur papier de couleur ou marqués de signes convenus à l'avance, ou bien s'ils s'entendaient pour voter à bulletin ouvert, cette manifestation dirigée contre le secret des votes et la liberté des autres citoyens entraînerait la nullité des opérations. Le conseil d'État a bien des fois annulé des élections pour des faits semblables; nous citerons entr'autres : Décret 7 juillet 1853. — Décret 16 avril 1856. — Décret 7 mai 1856.

10

Mesures prescrites pour assurer l'intégrité du scrutin.

La boîte du scrutin doit pendant tout le cours des opérations rester constamment sous les yeux des électeurs de manière à leur permettre une surveillance efficace.

Mais le scrutin étant fermé le premier jour à six heures du soir, la loi a prescrit les mesures nécessaires pour que dans l'intervalle des opérations l'intégrité des suffrages déposés fût à l'abri de toute atteinte.

La boîte du scrutin doit être scellée de manière à ce qu'on ne puisse l'ouvrir, les scellés doivent fermer l'ouverture et rendre impossible l'introduction d'aucun bulletin.

La boîte est en cet état déposée dans une des salles de la Mairie et les scellés doivent être apposés sur toutes les ouvertures de la salle.

Le tout a lieu en présence des électeurs qui ont le droit d'examiner les scellés afin de les reconnaître.

Le maire prend en outre les précautions qu'il juge nécessaires pour empêcher de pénétrer dans la salle.

Le second jour à l'ouverture du collége, les électeurs peuvent vérifier les scellés et s'assurer s'ils sont bien intacts.

Les mêmes formalités devraient être remplies si un événement fortuit obligeait de suspendre les séances de l'assemblée, et le procès-verbal devrait en constater l'accomplissement.

Si la boîte du scrutin avait été un seul instant em-portée hors de la salle et soustraite aux regards des électeurs sans que les scellés eussent été apposés, cette irrégularité détruisant toute garantie, entraî-nerait la nullité des opérations.

L'enlèvement de l'urne contenant les suffrages non encore dépouillés est puni d'un emprisonne-ment d'un an à cinq ans, et d'une amende de 500 fr. à 5,000 fr.

Si cet enlèvement a été effectué en réunion et avec violence la peine est de cinq à dix ans de réclusion.

La violation du scrutin, par les membres du bu-reau, ou par les agents de l'autorité préposés à la garde des bulletins non encore dépouillés est punie de cinq à dix ans de réclusion.

11

Clôture du scrutin.

Avant l'heure de la clôture, le président doit faire l'appel des électeurs qui n'ont pas encore voté ; cet appel terminé, il engage tous ceux qui n'ont pas déposé leurs suffrages à les apporter immédiatement au bureau. Tous les électeurs présents dans la salle à l'heure de la clôture, ont le droit de voter avant qu'elle ne soit prononcée.

Si le scrutin avait été fermé avant l'heure, l'élection serait annulée toutes les fois que le nombre des électeurs qui n'ont pas pris part aux opérations serait assez considérable pour changer la majorité en supposant qu'ils eussent tous porté leurs voix sur le même candidat (1). (Décret 20 novembre 1856.)

(1) Si les affiches et les cartes de convocation indiquaient pour la clôture des heures différentes, il faudrait se régler sur l'indication la plus tardive. (Décret 7 août 1856.)

Tous les électeurs ont le droit de requérir la clôture, et le procès-verbal doit indiquer l'heure à laquelle elle a été prononcée ; si donc le scrutin avait
été fermé avant l'heure ou illégalement prolongé
dans le but d'attendre certains votes, cette irrégularité devrait être constatée.

12

Dépouillement du scrutin.

La clôture prononcée, il est immédiatement
procédé au dépouillement.

La boîte du scrutin est ouverte, et le nombre
des bulletins vérifié.

Si ce nombre est plus grand ou moindre
que celui des votants , il en est fait mention au
procès-verbal, et c'est sur le nombre des bulletins
que la majorité doit être calculée (1).

(1) Si le nombre des bulletins trouvés dans l'urne est supérieur à celui des votants, il faut retrancher à chaque candidat un
nombre de suffrages égal à la différence, et l'élection de ceux
qui perdent ainsi la majorité doit être annulée. (Décret 26 mars
1856.)

Dans les colléges et les sections où il s'est présenté moins de trois cents votants, le bureau peut procéder lui-même au dépouillement.

Si le nombre des votants s'élève à trois cents au moins, le bureau désigne parmi les électeurs présents sachant lire et écrire un certain nombre de scrutateurs qui se divisent par groupes de quatre au moins. Le président et les assesseurs sont alors chargés de la surveillance.

Les tables sur lesquelles s'opère le dépouillement, doivent être disposées de telle sorte que les électeurs puissent circuler librement à l'entour pour surveiller la sincérité de l'opération.

Le président répartit les bulletins entre les tables.

Un des scrutateurs lit chaque bulletin à haute voix et le passe aux autres pour qu'ils vérifient; deux scrutateurs inscrivent chacun de son côté sur des feuilles de dépouillement préparées à l'avance les suffrages accordés aux divers candidats; ils feront bien pour éviter les erreurs de s'avertir mutuellement chaque fois qu'ils ont noté dix voix accordées au même candidat; les instructions ministérielles indiquent elles-mêmes ce moyen de contrôle.

Lorsque les scrutateurs ne sont pas d'accord sur l'attribution d'un bulletin, ils doivent, à côté du nom qui leur semble douteux, écrire : *à véri-fier*, et parapher, puis ils mettent le bulletin à part pour que le bureau décide.

Les électeurs ont également le droit de faire réserver les bulletins dont ils contestent la validité ou l'attribution.

Si des bulletins sur papier de couleur ou por-tant des signes extérieurs sont trouvés dans le dépouillement, les scrutateurs, sans en prendre connaissance, les remettent au bureau qui doit les détruire immédiatement.

Les bulletins signés de l'électeur, ceux qui por-tent des signes intérieurs *qui permettent de le con-naître* sont nuls et n'entrent point en compte, mais ils doivent être annexés au procès-verbal. Si des bulletins de cette nature étaient trouvés en assez grand nombre, et surtout s'ils s'appliquaient au même candidat, les conséquences seraient encore

plus graves et pourraient rejaillir sur l'élection
elle-même.

Nous avons déjà établi au chapitre des circulaires et des bulletins, qu'une distribution de
bulletins munis de signes intérieurs qui permettent de connaître les votes peut entrainer la nullité de l'élection ; ici le cas est différent, il ne
s'agit plus de la distribution, mais du dépouillement; nous supposons, sans qu'il y ait eu aucune
manifestation extérieure, qu'en ouvrant les bulletins on en trouve un certain nombre portant
des signes dont rien n'avait annoncé l'existence.
Si ces signes révèlent une manœuvre qui a pu porter atteinte au secret des votes, non-seulement
les bulletins sont annulés, mais l'élection elle-même
doit être déclarée nulle.

Les suffrages donnés à un incapable doivent lui
être comptés ; le bureau et les scrutateurs ne sont
point juges de la capacité des candidats.

Les bulletins blancs, ceux qui ne portent pas
de désignation suffisante ou ne contiennent qu'un
nom dérisoire, ceux qui sont susceptibles de s'ap-

pliquer à plusieurs candidats n'entrent pas en compte et doivent être également annexés au procès-verbal; mais si défectueuse que soit une désignation, elle est valable pourvu qu'elle ne laisse place à aucun doute.

Les scrutateurs ne doivent pas donner lecture des observations ou des injures jointes au nom des candidats ni les mentionner sur la feuille de dépouillement, mais les bulletins qui portent ces additions blâmables restent valables néanmoins.

Si un bulletin contient plus de noms qu'il n'y a de candidats à élire, les premiers inscrits sont seuls comptés ; mais si deux noms étaient séparés par la disjonctive *ou* (Pierre *ou* Jacques), le vote serait évidemment nul, faute d'indiquer un choix.

Si les scrutateurs, en ouvrant un bulletin, trouvent qu'il en renferme un second, ils ne doivent tenir compte d'aucun d'eux, mais les remettre au bureau; cependant si les deux bulletins sont identiques, il y a lieu de tenir compte de l'un et de détruire l'autre immédiatement.

Le scrutateur qui aurait soustrait, ajouté, ou altéré des bulletins, ou lu un autre nom que celui qui est inscrit, serait passible d'un emprisonnement dont la durée pourrait s'élever jusqu'à cinq ans et d'une amende de 500 à 5.000 fr.

Lorsque le dépouillement d'un groupe de bulletins est terminé, les scrutateurs font sur la feuille le relevé des suffrages obtenus par chaque candidat, et, après l'avoir tous signée, ils la remettent au bureau en y joignant les bulletins qui, ayant donné lieu à quelque difficulté, sont réservés à son appréciation ; ils remettent également tous les autres bulletins.

Le bureau doit immédiatement brûler en présence des électeurs tous les bulletins sur lesquels aucune difficulté ne s'est élevée : cette mesure achève de garantir le secret des votes : chaque électeur a le droit d'en requérir l'exécution.

Le bureau statue ensuite sur l'attribution des bulletins douteux ; puis il fait l'addition des suffrages attribués à chaque candidat sur les feuilles de dépouillement et de ceux qui résultent de ses décisions.

Tous les bulletins douteux réservés restent annexés au procès-verbal ; l'attribution faite par le bureau n'est, en effet, que provisoire ; si une réclamation s'élève, il faut que la juridiction appelée à statuer possède tous les éléments nécessaires.

La destruction de ces bulletins entraînerait la nullité de l'élection, si la majorité pouvait se trouver changée par une attribution nouvelle.

Mais on ne saurait, après l'incinération des bulletins, critiquer des attributions contre lesquelles on n'a pas réclamé.

Le résultat du scrutin doit être proclamé immédiatement après le dépouillement ; le bureau est alors dessaisi de ses pouvoirs ; il ne pourrait se réunir de nouveau en dehors de l'assemblée, et, revenant sur les attributions qu'il a faites, proclamer un autre candidat. (Décret 18 août 1856.)

Le procès-verbal doit énoncer le nombre de suffrages obtenus par chaque candidat, les observations qui peuvent avoir été faites relativement à certains votes et les décisions prises ; il est rédigé en double expédition, signée chacune de tous les membres du

bureau ; l'un des doubles est adressé avec les an-
nexes au sous-préfet de l'arrondissement, l'autre
reste déposé à la mairie.

Lorsqu'un collége est partagé en sections, le président et les membres des divers bureaux portent à
la première section le procès-verbal de leurs opérations ; le bureau de la première section fait en
leur présence le recensement général des votes
émis dans la commune ; il n'a point à revenir sur
les attributions de bulletins, il prend pour base les
décisions des autres bureaux, il dresse lui-même
procès-verbal du recensement général et proclame
le résultat.

13

Procès-verbal. — Constatation des irrégularités.

Le procès-verbal constate l'accomplissement de
chacune des formalités prescrites par la loi, il doit
rendre un compte fidèle de tout ce qui s'est passé

dans l'assemblée ; c'est sur son témoignage qu'on juge de la validité des opérations.

Sans revenir ici sur toutes les mentions qu'il doit renfermer, rappelons les plus importantes.

Le procès-verbal énonce : Si les bulletins ont été remis fermés au bureau ;

Si un des assesseurs a constaté chaque vote en apposant son paraphe en regard du nom de l'électeur.

Si trois membres sont toujours restés présents au bureau ;

Si, dans l'intervalle des séances, la boîte du scrutin a été fermée et scellée ;

Si toutes les opérations ont eu lieu en présence des électeurs.

Il constate également l'heure de l'ouverture et celle de la clôture du scrutin, le nombre des bulletins trouvés dans l'urne, les noms des scrutateurs, l'incinération des bulletins qui n'ont donné lieu à aucune difficulté, le nombre des bulletins réservés comme douteux, le nombre de suffrages obtenus par chaque candidat.

Toutefois, à défaut de constatation de quelques-unes des formalités essentielles, l'élection ne serait pas nulle de plein droit ; on pourrait, par une instruction, suppléer au silence du procès-verbal.

Les incidents de toute nature qui ont pu se produire au sein de l'assemblée doivent également être relatés, par exemple : l'intervention de la police ou de la force armée, l'admission au scrutin d'électeurs non inscrits, des discours prononcés, des menaces proférées.

Nous avons déjà dit que tous les électeurs ont le droit de faire insérer leurs réclamations au procès-verbal ou de les déposer par écrit pour qu'elles soient annexées.

Arrêtons-nous ici de nouveau à ce droit des électeurs pour en faire ressortir la haute importance ; il est en quelque sorte la sanction de toutes les prescriptions qui assurent la sincérité du scrutin.

Que deviendraient en effet ces garanties, si, après les avoir violées, on pouvait se faire du procès-verbal un titre pour établir la loyauté des opérations.

Aussi la loi a-t-elle confié à tous les citoyens le soin de veiller sur l'élection leur œuvre commune, et pour accomplir ce devoir, voici les moyens qu'elle leur donne :

Tout électeur a le droit de s'opposer à l'insertion au procès-verbal d'une mention inexacte. S'il n'obtient pas du bureau qu'elle soit supprimée, il doit élever une protestation et appeler le plus grand nombre possible d'électeurs à s'y joindre.

Tout électeur qui s'aperçoit d'une fraude ou d'une irrégularité, a le droit de requérir le bureau de la faire cesser immédiatement, et quelle que soit la décision, sa réclamation reste au procès-verbal.

Si l'irrégularité ou la fraude a déjà produit ses conséquences et qu'il soit trop tard pour les faire cesser, ou bien si, à raison des circonstances, l'électeur aime mieux observer et laisser faire, il a le droit d'exiger que les faits soient constatés au procès-verbal ; si le bureau les dénie, l'électeur peut les faire attester par ceux qui en ont été les témoins avec lui, et leur affirmation subsiste à côté de l'assertion contraire.

Le refus de mentionner au procès-verbal la réclamation d'un électeur et le maintien d'une mention opposée, pourraient constituer un faux en écriture publique.

Nous ne croyons pas qu'un refus pareil puisse jamais se produire ; mais enfin, et pour prévoir même l'impossible, il suffirait alors de faire au bureau sommation par huissier d'insérer la réclamation ; l'existence de cette sommation serait un démenti formel au procès-verbal. A défaut de cette mesure, on pourrait recourir à la voie de l'inscription de faux.

Ainsi, les énonciations du procès-verbal se trouvent placées sous le contrôle de l'assemblée elle-même ; de là résultent plusieurs conséquences qui appellent la plus sérieuse attention :

Toute constatation sur laquelle aucune réclamation ne s'est élevée fait foi désormais jusqu'à preuve contraire et même à moins de circonstances graves, l'enquête est difficilement admise (1).

_____

(1) Le procès-verbal ne saurait faire foi jusqu'à inscription de

Mais l'existence d'une protestation enlève à la mention qu'elle vient démentir cette présomption d'exactitude; toutes les voies ordinaires d'instruction sont alors ouvertes pour rétablir la vérité.

Quant aux faits sur lesquels le procès-verbal garde le silence, on peut également recourir à tous les moyens de preuve. Mais l'allégation tardive de faits qui pouvaient être immédiatement constatés inspire naturellement moins de confiance (1).

Le procès-verbal doit être lu à la fin de la

faux, la loi n'a point donné aux membres du bureau le pouvoir de lui imprimer un caractère authentique.

Mais en fait, on a beaucoup exagéré l'autorité qui est due à ses énonciations. Sur quoi cette autorité peut-elle être fondée?

Sur la confiance qu'inspirent les membres du bureau?

Mais l'enquête est tous les jours admise contre les procès-verbaux de toute nature qui ne font pas foi jusqu'à inscription de faux.

Sur l'adhésion tacite que fait supposer l'absence de réclamation?

D'abord, c'est en droit une doctrine mauvaise et généralement repoussée que de faire résulter le consentement du silence; d'autre part, une telle présomption perdrait aujourd'hui beaucoup de sa valeur en présence du suffrage universel et du peu d'instruction du plus grand nombre des électeurs.

(1) Si l'on prétendait qu'une mention a été frauduleusement ajoutée au procès-verbal, on pourrait recourir à la voie de l'inscription de faux.

séance, pour permettre à l'assemblée de compa-
rer les faits avec les énonciations qu'il renferme.
Les électeurs doivent exiger cette lecture et peuvent même demander communication du procès-
verbal. Mais ils feront bien de ne pas attendre la
fin de la séance pour produire leurs réclamations,
et de faire constater toutes les irrégularités qu'ils
remarquent, à mesure qu'elles se produisent.

QUATRIÈME PARTIE

DES DIVERSES ÉLECTIONS.

CHAPITRE PREMIER.

DES ÉLECTIONS LÉGISLATIVES.

De la formation du Corps législatif. — Des éligibles. — Serment imposé aux candidats au Corps législatif. — Formes et conditions de l'élection.

1

De la formation du Corps législatif.

Les députés au Corps législatif sont nommés par le suffrage universel, sans scrutin de liste; chaque circonscription électorale n'élit qu'un seul représentant.

L'élection a pour base la population, il y a un

Voy. sur les élections législatives : constitution art. 34 et suivants. — Décrets organique et réglementaire sur les élections des 2-21 février 1852. — S. C. des 25-30 xbre. 1852. — S. C. du 27 mai 1857. — Décret du 29 mai 8 juin 1857. — S. C. des 17-19 février 1858.

député à raison de **35,000** électeurs. Le décret organique sur les élections des **2-21** février **1852** attribuait un député de plus à chacun des départements où le nombre excédant des électeurs s'élèverait à **25,000**. Cette disposition a été modifiée par le sénatus-consulte du **27** mai **1857** suivant lequel un département est appelé à élire un député de plus, lorsque le nombre excédant des électeurs dépasse **17,500**.

Chaque département est divisé, par un décret impérial, en circonscriptions électorales égales en nombre aux députés à élire (1).

---

(1) L'organisation des circonscriptions électorales est des plus défectueuses et peut, dans un grand nombre de départements, apporter un véritable obstacle à la sincère représentation du pays.

On pourrait citer tel département où deux arrondissements séparés l'un de l'autre, sans rapports entr'eux, ayant des intérêts distincts, sont réunis pour former une circonscription électorale.

Ailleurs, l'arrondissement chef-lieu, le plus important, est partagé en deux parties réunies aux deux arrondissements de sous-préfecture, en sorte qu'il n'a la majorité dans aucune circonscription électorale.

Les conséquences d'un tel système sont manifestes.

Les hommes les plus honorables et les plus distingués sont souvent peu connus en dehors de leur arrondissement, il est

Le tableau de ces circonscriptions est revu tous les cinq ans ; il a été dressé pour la première fois par un décret des 3-21 février 1852 annexé au décret électoral et pendant la première période quinquennale, le nombre des circonscriptions et des députés a été de 261. La première révision a été opérée par le décret des 29 mai-8 juin 1857, le nombre total des électeurs inscrits s'élevait alors à 9,521,220 ; le nombre des circonscriptions et des députés a été fixé à deux cent soixante-sept pour la seconde période, de 1857 à 1862.

Les députés sont nommés pour six ans. Tous les six ans, les citoyens sont donc appelés à renouveler intégralement le Corps législatif.

La dernière élection législative générale a eu lieu

d'ailleurs difficile que deux arrondissements s'entendent sur un seul nom, et l'un des deux n'est pas représenté.

Une telle organisation pouvait convenir lorsque le gouvernement pesait de toute son influence sur les élections ; le préfet choisissait le candidat qui trouvait dans toutes les communes des fonctionnaires pour le recommander.

Aujourd'hui que le Gouvernement paraît disposé à laisser aux citoyens la libre initiative de leurs choix, une organisation différente devient une des réformes les plus nécessaires et les plus pressées.

les 21 et 22 juin 1857 : et la chambre actuelle a tenu sa première session en 1858, ses pouvoirs expireront donc en 1863.

L'Empereur a le droit de dissoudre le Corps législatif, mais il doit en convoquer un nouveau dans le délai de six mois.

Si une vacance vient à se produire par suite de démission, de décès, ou d'option d'un député élu par plusieurs colléges, les électeurs de la circonscription appelée à nommer un nouveau représentant doivent être convoqués dans les six mois.

Le député élu plusieurs fois doit faire connaitre son option au Président du Corps législatif dans les dix jours qui suivent la vérification de ses pouvoirs.

Les députés reçoivent une indemnité fixée à 2,500 fr. par mois pendant la durée de chaque session ordinaire ou extraordinaire ; la session ordinaire dure trois mois. mais elle est presque toujours prorogée (1).

---

(1) En prenant quatre mois comme durée moyenne de la session, l'indemnité des députés s'élève à 10,000 par an, elle est donc supérieure à celle que recevaient les représentants sous la répu-

Les députés ne peuvent être recherchés, accusés, ni jugés en aucun temps pour les opinions qu'ils ont émises dans le sein du Corps législatif.

Ils ne peuvent être poursuivis ni arrêtés en matière criminelle pendant la durée de la session sans l'autorisation du Corps législatif, sauf le cas de flagrant délit.

2

Des éligibles.

Tous les électeurs âgés de 25 ans sont éligibles au Corps législatif, sans aucune condition de domicile (1).

Les mêmes causes qui font perdre à un citoyen ses droits électoraux le rendent incapable ou indigne d'être élu.

blique. Cette indemnité résulte du sénatus-consulte des 25-30 décembre 1852.

(1) On pourrait même être éligible sans être électeur si l'on n'était inscrit sur aucune liste électorale.

Le député qui, pendant la durée de son mandat, encourrait une condamnation emportant interdiction des droits politiques, serait déchu de sa qualité; son exclusion devrait être prononcée par le Corps législatif.

Toute fonction publique rétribuée est incompatible avec le mandat de Député.

Le fonctionnaire rétribué élu député est réputé démissionnaire de sa fonction par le seul fait de son admission à la chambre, s'il n'a pas opté avant la vérification de ses pouvoirs.

Mais les officiers généraux placés dans le cadre de réserve peuvent être membres du Corps législatif; ils y figurent même en assez grand nombre (1).

Tout député au Corps législatif est réputé démissionnaire par le seul fait de l'acceptation de fonctions publiques salariées.

En outre, la loi a craint que l'autorité dont certains fonctionnaires sont revêtus, ne mît en pé-

_____

(1) S.-C. des 25-30 décembre 1852.

ril la liberté des élections, et elle a déclaré incapables d'être élus dans tout ou partie de leur
ressort, pendant la durée de leurs fonctions et pendant les six mois qui suivraient leur destitution,
leur démission, ou tout autre changement de leur
situation :

Les premiers Présidents, les Procureurs généraux, les Présidents des tribunaux civils et les Procureurs impériaux ;

Le Commandant supérieur des gardes nationales
de la Seine ;

Le Préfet de Police, les Préfets et Sous-Préfets ;

Les archevêques, évêques et vicaires généraux ;

Les officiers généraux commandant les divisions
. et subdivisions militaires ;

Les Préfets maritimes.

3

Serment imposé aux candidats au Corps législatif.

Jusqu'en 1858 , aucune condition particulière n'avait été exigée des candidats au Corps législatif ; mais, le **17** février de cette année, le gouvernement fit rendre un sénatus-consulte qui leur imposa l'obligation d'un serment préalable.

Nous croyons devoir placer sous les yeux de nos lecteurs ce monument de législation contemporaine :

ARTICLE PREMIER.

« Nul ne peut être élu député au Corps législatif si, huit jours au moins avant l'ouverture du scrutin, il n'a déposé, soit en personne, soit par un fondé de pouvoir en forme authentique, au secrétariat de la préfecture du département dans lequel se fait l'élection, un écrit signé de lui contenant le

serment formulé dans l'art. 16 du sénatus-consulte
du 25 décembre 1852.

» L'écrit déposé ne peut, à peine de nullité, contenir que ces mots : « Je jure obéissance à la Con-
» stitution et fidélité à l'Empereur. »

» Il en est donné récépissé. »

ARTICLE 2.

» La publication d'une candidature, la distribution et l'affichage des circulaires et des bulletins
électoraux pour lesquels le dépôt au parquet du
Procureur impérial aura été effectué, ne peuvent
avoir lieu qu'après que le candidat s'est conformé
aux dispositions de l'article précédent. »

Toute publication, distribution ou tout affichage
antérieurs seront punis par l'article 6 de la loi du
27 juillet 1849.

ARTICLE 3.

Pendant la durée des opérations électorales, un
tableau certifié par le préfet, et contenant les
noms des candidats qui ont rempli dans le délai

voulu les prescriptions de l'article premier du présent sénatus-consulte est déposé sur le bureau.

ARTICLE 4.

Les bulletins portant le nom d'un candidat qui ne se sera pas conformé aux dispositions de l'article premier du présent sénatus-consulte sont nuls et n'entrent point en compte dans le résultat du dépouillement du scrutin; mais ils sont annexés au procès-verbal.

La clarté de ces dispositions nous dispense de tout commentaire, cette obligation du serment n'est pas seulement, comme le dépôt au Parquet, une restriction imposée à la liberté des candidatures, elle garde l'accès de toutes les voies ; pour quiconque ne s'y est pas soumis il n'y a plus de publicité, plus d'élection possible ; le suffrage universel est, à son égard, frappé de nullité.

L'administration ne peut refuser de recevoir un serment, pour quelque cause que ce soit, même en prétendant que le candidat ne réunit pas les conditions d'éligibilité voulues; elle n'est point juge des questions de capacité.

Elle ne saurait davantage refuser le dépôt d'un serment comme prématuré. Rien n'oblige, en effet, les candidats à attendre un jour marqué pour se produire; chacun de ceux qui aspirent au Corps législatif a donc le droit de remplir aussi longtemps à l'avance qu'il lui plaît les formalités exigées pour annoncer sa candidature.

Si jamais un citoyen se voyait opposer un refus ou un ajournement, il lui suffirait de faire au préfet, par un huissier porteur d'un pouvoir authentique notification du serment prescrit par la loi.

Au reste ce que le sénatus-consulte défend avant la formalité remplie, c'est la *publication* de la candidature, c'est-à-dire l'annonce par la presse, par des écrits répandus ou des discours tenus à haute voix dans un lieu public; mais rien n'empêche celui qui aspire à devenir candidat de faire part de son intention dans des entretiens particuliers à

un grand nombre de personnes, à ses amis, à tous
ceux dont il recherche l'appui, ou de faire valoir
ses titres dans un comité électoral non public, ce
ne sont pas là des appels à la publicité, mais de
simples mesures préparatoires : avant de produire
sa candidature il faut bien pouvoir calculer ses
chances, et beaucoup s'arrêtent à cette première
épreuve.

4

Formes et conditions de l'élection.

Les électeurs doivent autant que possible être
réunis un dimanche ou un jour fixé. L'intervalle
entre la promulgation du décret de convocation et
la réunion des colléges électoraux doit être de
20 jours au moins.

Le scrutin reste ouvert pendant deux jours dans

toutes les communes quelle que soit leur population.

Il est ouvert le premier jour de huit heures du matin à six heures du soir, le second jour de huit heures du matin à quatre heures du soir.

Les instructions ministérielles prescrivent de déposer sur la table :

— Le texte de la constitution;

— Le texte des décrets organique et réglementaire sur les élections et celui du décret qui fixe le nombre des députés à élire dans chaque département;

— Le tableau des circonscriptions électorales du département;

— L'instruction ministérielle sur les élections.

Les mêmes instructions ordonnent au président de donner lecture des articles de la constitution, du sénatus-consulte du 27 mai 1857 (1), et du décret organique du 2 février 1852, relatifs à l'éligibilité des députés, ainsi que des dispositions pénales qui répriment les délits en matière d'élection.

____

(1) Ce S.-C. est celui qui attribue un député de plus à tous les départements où le nombre excédant des électeurs dépasse 17,500.

Pour être élu député au premier tour de scrutin il faut réunir :

1° La majorité absolue, c'est-à-dire la moitié plus un des suffrages exprimés ;

2° Un nombre de suffrages égal au moins au quart de celui des électeurs inscrits sur la totalité des listes de la circonscription électorale.

Si aucun candidat n'a atteint le chiffre exigé, un second tour de scrutin a lieu de droit le second dimanche qui suit le jour de la proclamation du résultat.

Au second tour de scrutin, l'élection a lieu à la majorité relative, quel que soit le nombre des votans.

Ainsi, il n'y a plus aujourd'hui de ballottage, tous les candidats peuvent rester en présence, celui qui a obtenu le plus grand nombre de voix est proclamé député ; à nombre égal, l'élection est acquise au plus âgé.

Le recensement général des votes pour chaque circonscription électorale est opéré au chef-lieu du département par une commission composée de trois membres du conseil général.

A Paris cette commission est formée de cinq membres du conseil général désignés par le préfet de la Seine.

Le recensement a lieu en séance publique. Il en est dressé procès-verbal. Le président de la commission en fait connaître le résultat et proclame le nom du député élu.

Les procès-verbaux et toutes les pièces annexées sont transmis au Corps législatif.

CHAPITRE II.

DES ÉLECTIONS DÉPARTEMENTALES.

De la formation des conseils généraux et des conseils d'arrondissement. — Des éligibles. — Des causes qui donnent lieu aux élections départementales. — Formes et conditions de l'élection.

1

De la formation des conseils généraux et des conseils d'arrondissement.

Les élections départementales sont celles qui ont pour objet de former les conseils généraux et les conseils d'arrondissement.

Voyez sur les conseils généraux et les conseils d'arrondissements, la loi du 21 mars 1831, la loi du 22 juin 1833, la loi des 3-11 juillet 1848, la loi des 7-8 juillet 1852.

Chaque département possède un conseil général ; chaque arrondissement de sous-préfecture a un conseil d'arrondissement.

Sous l'empire de la loi de 1833, le nombre des membres d'un conseil général ne pouvait s'élever au-dessus de 30, en sorte que dans les départements qui comprenaient plus de 30 cantons, l'on était obligé d'opérer des réunions pour former 30 circonscriptions électorales.

La loi des 3-11 juillet 1848 a supprimé cette limitation de nombre, aujourd'hui chaque canton élit un représentant au conseil général.

Les membres des conseils généraux sont nommés pour neuf ans et renouvelés par tiers tous les trois ans ; ils sont indéfiniment rééligibles.

Dans la première session qui suit une élection générale, le conseil divise les cantons en trois séries, en répartissant autant que possible les cantons de chaque arrondissement dans chacune des séries ; l'ordre du renouvellement est fixé par un tirage au sort auquel le Préfet procède en conseil de préfecture et en séance publique.

Chaque canton nomme un conseiller d'arrondissement, mais le nombre des membres du conseil ne peut jamais être inférieur à neuf.

Si donc un arrondissement ne possède pas neuf cantons, un décret impérial répartit entre les cantons les plus peuplés les conseillers supplémentaires.

Les membres des conseils d'arrondissement sont élus pour six ans et renouvelés par moitié tous les trois ans ; ils sont indéfiniment rééligibles.

Pour la première fois le conseil général divise en deux séries les cantons de chaque arrondissement, le Préfet en conseil de préfecture et en séance publique fixe par un tirage au sort l'ordre du renouvellement.

L'Empereur a le droit de dissoudre les conseils généraux et les conseils d'arrondissement.

Mais aucun membre du conseil ne peut en être exclu, pour quelque cause que ce soit, à moins qu'il ne perde la jouissance de ses droits politiques, ou n'accepte des fonctions incompatibles avec son mandat.

2

Des éligibles.

Pour être éligible au conseil général ou au conseil d'arrondissement il faut avoir la jouissance des droits civils et politiques et être âgé de vingt-cinq ans au moins. Il faut de plus avoir son domicile dans le département ou l'arrondissement, ou bien y payer une contribution directe, quel qu'en soit le chiffre. (On sait qu'il y a quatre contributions directes, la contribution personnelle et mobilière, — la contribution foncière, — l'impôt des portes et fenêtres, — l'impôt des patentes.)

Néanmoins le nombre des membres qui, sans être domiciliés dans le département ou l'arrondissement, y paient une contribution directe ne peut dépasser le quart des conseils.

La loi prononce en outre plusieurs incompatibilités (1). D'abord elle déclare incapables d'être nommés membres des conseils de département ou d'arrondissement :

1° Les Préfets, sous-préfets, secrétaires généraux et conseillers de préfecture ;

2° Les agents et comptables employés à la Recette, à la perception, ou au recouvrement des contributions et au paiement des dépenses publiques de toute nature.

Les incompatibilités que ces dispositions prononcent sont absolues; elles atteignent les fonctionnaires en quelque lieu qu'ils exercent leurs fonctions. Elles ont pour but d'assurer l'indépendance des conseils : les Préfets et les conseillers de préfecture se trouvent dans une dépendance trop complète du gouvernement, ils sont d'ailleurs les agents directs de l'administration sur laquelle les conseils doivent exercer un contrôle. Les fonctionnaires de l'administration des finances ne sont point non plus désintéressés dans les questions soumises aux

(1) Ces incomptabilités résultent de l'art. 5 de la loi de 1833.

conseils qui, entre autres attributions, délibèrent sur la répartition de l'impôt et les centimes additionnels.

Mais doit-on ici distinguer entre les agents préposés à *l'assiette* de l'impôt et ceux qui sont chargés d'en opérer *le recouvrement?*

Le conseil d'État, après avoir quelque temps admis cette distinction, l'a aujourd'hui complétement repoussée, il comprend dans l'incompatibilité prononcée par la loi tous les agents qui coopèrent d'une manière quelconque, soit à la perception, soit à l'établissement des contributions publiques de toute nature. Ainsi donc il faut déclarer incapables d'être élus aux conseils de département et d'arrondissement les directeurs, inspecteurs, vérificateurs de l'enregistrement, les directeurs des postes, les directeurs, inspecteurs, contrôleurs des contributions directes, etc.

D'autres incompatibilités ne rendent ceux qu'elles atteignent incapables d'être élus que dans le département où ils exercent leurs fonctions. Citons le texte même de la loi :

« Ne pourront être nommés membres des con-
» seils généraux ou d'arrondissement :

» 1° Les ingénieurs des ponts-et-chaussées, et les
» architectes actuellement employés par l'adminis-
» tration dans le département ;

» 2° Les agents forestiers en fonction dans le dé-
» partement et les employés des bureaux des pré-
» fectures et sous préfectures. »

Il ne s'agit ici que des architectes employés aux
travaux du département, ceux-là en effet se trouvent dans une certaine dépendance du Préfet et
sont directement intéressés dans les délibérations
des conseils. Les architectes des communes ne sont
point compris dans cette disposition.

Les parents au degré le plus proche peuvent
siéger ensemble dans le même conseil.

Nul ne peut être membre de plusieurs conseils généraux, ou de plusieurs conseils d'arrondissement,
ou d'un conseil général et d'un conseil d'arrondissement. Le candidat nommé dans plusieurs cantons
est tenu de faire connaître son option au Préfet
dans le mois qui suit sa dernière élection ; sinon le

Préfet, en conseil de préfecture et en séance publique, décide par la voie du sort à quel canton le conseiller appartiendra.

Celui qui est déjà membre d'un conseil général peut donc être élu au même titre dans un autre canton, il est seulement obligé d'opter.

Le membre du conseil de département ou d'arrondissement qui manque à deux sessions consécutives sans excuse légitime ni empêchement admis par le conseil est réputé démissionnaire.

3

Des causes qui donnent lieu aux élections départementales.

On voit par ce qui précède que plusieurs causes peuvent donner lieu à une élection départementale.

1° Le renouvellement triennal d'un tiers des membres des conseils généraux et de moitié des membres des conseils d'arrondissement.

9

2º La dissolution d'un de ces conseils ; alors les assemblées électorales doivent être convoquées pour procéder à son renouvellement dans les trois mois de la dissolution et en tout cas avant la session annuelle.

Tous les conseillers étant nommés à la fois, il faut, par un nouveau tirage au sort, fixer l'ordre de renouvellement.

3º Les vacances qui se produisent par décès, démission, ou option. Dans ce cas les électeurs du canton qui a perdu son représentant doivent être réunis dans le délai de deux mois ; le nouveau conseiller n'est nommé que pour le temps qui restait à son prédécesseur.

4

Formes et conditions de l'élection.

L'arrêté préfectoral qui convoque les électeurs doit être publié vingt jours au moins à l'avance.

Dans les communes qui comptent 2,500 âmes et plus, le scrutin dure deux jours, il est ouvert le samedi et clos le dimanche.

Dans les communes d'une population moindre, le scrutin ne dure qu'un jour, il est ouvert et clos le dimanche.

L'heure de l'ouverture et celle de la clôture du scrutin sont, chaque jour, les mêmes qu'aux élections législatives.

Le président doit donner lecture des incompatibilités prononcées par la loi.

L'élection du conseil général et celle du conseil d'arrondissement peuvent avoir lieu simultanément, mais par deux opérations distinctes.

Deux boîtes pour la réception des votes sont déposées sur le bureau, elles portent en gros caractères, l'une : CONSEIL GÉNÉRAL, l'autre : CONSEIL D'ARRONDISSEMENT. La première est placée devant le président du bureau, la seconde devant le plus âgé des assesseurs ; le président reçoit les bulletins destinés à l'élection du conseil général, l'assesseur, les bulletins destinés à celle du conseil d'arrondissement et chacun d'eux les dépose dans la boite placée devant lui.

Les membres du bureau doivent donner de fréquents avertissements pour empêcher toute confusion.

Si des bulletins portant le nom d'un candidat à l'une des élections étaient trouvés dans l'urne affectée à l'autre élection, on ne pourrait les reporter à la première ; les électeurs en effet ont le droit de nommer au conseil d'arrondissement celui qui se porte au conseil général et réciproquement. Mais que devrait-on faire si ces bulletins contenaient, outre le nom du candidat, l'indication de l'élection à laquelle ils sont destinés ? La circulaire ministérielle de 1852 dit qu'ils devraient être restitués à cette élection ; c'est là une erreur manifeste, car il dépendrait alors d'un électeur, en remettant deux bulletins semblables, de donner deux voix au même candidat. Les bulletins trouvés dans ces conditions devraient être réservés comme douteux et annexés au procès-verbal ; ils ne pourraient être reportés de l'un à l'autre scrutin que si l'on constatait dans chacun d'eux le même nombre d'erreurs.

Pour être élu conseiller général ou conseiller d'arrondissement au premier tour de scrutin il faut d'abord réunir la majorité absolue, c'est-à-dire la moitié plus un des suffrages exprimés, il faut de plus obtenir un nombre de suffrages égal au moins au quart des électeurs inscrits. Au second tour de scrutin la majorité relative suffit quel que soit le nombre des votants.

Les procès-verbaux de chaque commune arrêtés et signés sont portés au chef-lieu du canton par deux membres du bureau. Le bureau du chef-lieu de canton fait le recensement général des votes et proclame membre du conseil général ou du conseil d'arrondissement le candidat qui a obtenu la majorité exigée par la loi.

Si le premier vote n'a pas donné de résultat, le second tour de scrutin a lieu le samedi et le dimanche suivants.

Les opérations électorales sont d'ailleurs soumises à toutes les règles édictées pour les élections législatives.

CHAPITRE III.

DES ÉLECTIONS MUNICIPALES.

De l'administration municipale. — De la suspension et de la dissolution des Conseils municipaux. — Des éligibles. — Du mode des élections, Scrutin de liste. — De la distribution des listes de candidats. — Des causes qui donnent lieu aux élections municipales. — Des opérations électorales.

1

De l'administration municipale.

Chacun sait que l'administration de la commune est composée d'un maire, d'un ou de plusieurs adjoints et d'un conseil municipal.

Sous le gouvernement de 1830, le maire et les adjoints devaient être pris dans le sein du conseil municipal.

Le décret du 3 juillet 1848 remit aux conseils municipaux le soin de choisir eux-mêmes parmi leurs membres le maire et les adjoints dans toutes les communes qui ne comptaient pas 6000 habitants et n'étaient pas des chefs-lieux de département ou d'arrondissement.

Mais depuis la constitution du 14 janvier 1852, le maire et les adjoints peuvent être pris en dehors du conseil (1).

Ils sont nommés pour cinq ans; leurs pouvoirs ont donc la même durée que ceux des conseillers municipaux; mais l'administration paraît s'être fait aujourd'hui une règle de choisir ses maires avant les élections; elle les invite même à ne point se porter candidats; ce sont eux, au contraire, qui

---

(1) La disposition de l'article 57 de la constitution qui donne au gouvernement le droit de prendre les maires en dehors du conseil a été depuis reproduite par la loi des 7-8 juillet 1852 et par celle du 5 mai 1855.

doivent présenter à leurs concitoyens une liste de conseillers à élire.

Les maires et les adjoints sont nommés par l'Empereur dans les chefs-lieux de canton et dans les communes dont la population s'élève à 3000 âmes au moins.

Dans les autres communes ils sont nommés par le Préfet.

Ils doivent être âgés de 25 ans accomplis et inscrits dans la commune au rôle de l'une des quatre contributions directes.

Les maires et les adjoints, même ceux qui sont nommés par l'Empereur, peuvent être suspendus par le Préfet; cette suspension cesse de plein droit au bout de deux mois, si l'arrêté préfectoral n'a été, dans ce délai, confirmé par le ministre de l'Intérieur.

Même lorsqu'ils ont été nommés par le Préfet, les maires et les adjoints ne peuvent être révoqués que par un décret de l'Empereur.

Le nombre des membres du conseil municipal varie selon l'importance de la commune et doit

être fixé à chaque renouvellement selon les va-
riations survenues. Il reste d'ailleurs le même soit
que le maire et les adjoints soient pris en dehors,
ou au sein du conseil.

Aux termes de l'art. 6 de la loi du 5 mai 1855,
le nombre des conseillers municipaux est :

De 10 dans les communes de	500 habitants et au-dessous.	
De 12 dans celles de	501 à 1,500	—
De 16 dans celles de	1,501 à 2,500	—
De 21 dans celles de	2,501 à 3,500	—
De 23 dans celles de	3,501 à 10,000	—
De 27 dans celles de	10,001 à 30,000	—
De 30 dans celles de	30,001 à 40,000	—
De 32 dans celles de	40,001 à 50,000	—
De 34 dans celles de	50,001 à 60,000	—
De 36 dans celles de	60,001 et au-dessus.	

Les conseillers municipaux sont nommés pour
cinq ans, ils sont indéfiniment rééligibles.

Le maire préside le conseil et, même lorsqu'il
n'a pas été pris parmi ses membres, il a voix
délibérative et prépondérante en cas de partage.

Les mêmes droits appartiennent à l'adjoint qui
remplace le maire.

9.

Dans les autres cas les adjoints qui ne sont pas membres du conseil n'y ont que voix consultative ; ils peuvent donner leur avis, mais sans participer au vote.

2

De la suspension et de la dissolution des conseils municipaux.

Le Préfet a le droit de suspendre les conseils municipaux; la durée de la suspension est de deux mois, mais elle peut être étendue à une année par le ministre de l'Intérieur; ce délai expiré, elle ne saurait être prolongée, le conseil municipal reprend de plein droit ses fonctions s'il n'a pas été dissous.

L'Empereur seul a le pouvoir de dissoudre les conseils municipaux.

Lorsqu'un conseil a été suspendu, le Préfet nomme immédiatement une commission pour en remplir les fonctions; lorsqu'il a été dissous, la commission est nommée par le Préfet ou par l'Empereur, suivant la distinction établie pour la nomination des maires. Le nombre des membres de la commission doit être égal au moins à la moitié de celui du conseil.

La commission a tous les pouvoirs du conseil lui-même, elle peut, par des délibérations contraires annuler les décisions qu'il a prises. (Décret du 16 septembre 1858).

L'administration est armée d'un pouvoir arbitraire pour suspendre et dissoudre les conseils municipaux, ses décisions à cet égard ne peuvent être l'objet d'aucun recours.

3

Des éligibles.

Pour être éligible au conseil municipal, il suffit d'avoir la jouissance des droits civils et politiques et d'être âgé de 25 ans accomplis. La loi de

1855 a supprimé toute condition de domicile.

Les articles 9, 10, 11, de cette loi prononcent en outre des incapacités et des incompatibilités assez nombreuses dont il nous faut déterminer avec soin le caractère et l'étendue.

Aux termes de l'art. 9, ne peuvent être conseillers municipaux :

1° Les comptables de deniers communaux, et les agents salariés de la commune;

2° Les entrepreneurs de services communaux;

3° Les domestiques attachés à la personne ;

4° Les individus dispensés de subvenir aux charges communales et ceux qui sont secourus par les bureaux de bienfaisance.

Les comptables de deniers communaux sont les agents chargés de percevoir les revenus de quelque nature qu'ils soient qui peuvent appartenir à la commune, ou de payer ses dépenses sur les mandats régulièrement ordonnancés. On ne peut donc considérer comme un comptable le particulier qui est avec la commune en rapport d'affaires, celui par exemple qui a loué un bien communal,

ou qui a pris à ferme le droit de plaçage sur les
halles et marchés.

Les agents salariés de la commune sont ceux dont
le traitement est en tout ou en partie fourni sur
son budget, ou fixé par l'administration municipale, tels sont les secrétaires et employés des
mairies, les instituteurs, les professeurs d'une école
communale, l'ingénieur et l'architecte chargés des
travaux ordinaires de la commune.

Mais les fonctionnaires dont la position et le traitement ne dépendent en rien de l'autorité municipale, même lorsqu'ils sont chargés de pourvoir à
des services spécialement affectés aux besoins de la
commune, ne sont point ses agents salariés. Il ne
faut donc pas comprendre dans l'empêchement
le médecin cantonal qui reçoit sa rétribution sur
un fonds commun, les employés des établisse-
ments d'utilité publique, entretenus par l'État, par
le département, ou par des administrations particulières et indépendantes, par exemple, le receveur
et les médecins d'un hospice.

Par entrepreneurs de services communaux, il faut

entendre ceux-là seulement qui remplissent un service permanent, comme les entrepreneurs de l'éclairage public ; mais celui qui fait avec l'administration municipale, un marché pour une fourniture, ou pour un travail accidentel, la construction d'un bâtiment par exemple, n'est pas incapable d'être élu membre du conseil, seulement il ne peut prendre part aux délibérations relatives aux affaires qui l'intéressent personnellement.

Les domestiques frappés d'exclusion sont ceux dont le service se rattache à la personne, par exemple les valets de chambre ; mais un jardinier, un laboureur, un ouvrier qui travaille habituellement dans la maison ne sont pas incapables d'être élus au conseil (Décret 30 janvier 1856).

Les fonctions de conseiller municipal sont incompatibles avec celles :

1º De préfets, sous-préfets, secrétaires généraux et conseillers de préfecture ;

2º De commissaires et d'agents de police ;

3º De militaires ou employés des armées de terre et de mer en activité de service.

4o De ministres des cultes légalement reconnus chargés dans la commune d'une fonction ecclésiastique.

Les fonctionnaires compris dans cette énumération peuvent, en donnant leur démission avant l'installation du conseil, faire cesser l'incompatibilité et rendre leur élection inattaquable.

Dans les communes dont la population s'élève à 500 âmes au moins, le père et le fils, les deux frères, les alliés au même degré ne peuvent être en même temps membres du conseil municipal (1).

Lorsque deux parents au degré prohibé ont été élus, chacun d'eux en donnant sa démission peut assurer l'élection de l'autre.

Si aucun d'eux ne donne sa démission, l'élection de celui qui a obtenu le moins grand nombre de voix est seule annulée (Décret 28 juillet 1853).

Mais s'ils ont été élus par des sectious différentes

---

(1) L'alliance dans le sens légal du mot n'existe pour chacun des époux qu'avec les parents et non avec les alliés de son conjoint; ainsi les maris des deux sœurs peuvent faire partie du même conseil.

c'est le sort qni doit décider entre eux (Décret 16 avril 1856).

La qualité de maire ou d'adjoint qui appartiendrait à l'un des parents, ne créerait pour lui aucune préférence.

Nul ne peut être membre de plusieurs conseils municipaux, celui qui est nommé dans plusieurs communes est tenu d'opter : un membre d'un conseil municipal n'est donc pas incapable d'être élu au même titre dans une autre commune, il peut rendre cette élection inattaquable en donnant sa démission du premier conseil.

Ni le conseil municipal, ni le maire, ni le Préfet n'ont le droit de prononcer l'exclusion d'un conseiller, même en prétendant qu'il ne réunit pas les conditions d'éligibilité voulues ; l'élection d'un incapable doit être attaquée devant la juridiction compétente dans le délai prescrit par la loi, sinon elle lui reste acquise et nul ne peut plus le faire sortir du conseil (1).

_____

(1) Le droit de provoquer l'annulation de l'élection appartient

Mais il en est autrement si la cause d'incapacité ne s'est produite qu'après l'élection ; par exemple, si, pendant la durée de son mandat, un conseiller municipal vient à être frappé d'une condamnation emportant interdiction des droits politiques, ou s'il accepte des fonctions incompatibles avec sa qualité. Le Préfet ¡peut alors prendre un arrêté pour le déclarer démissionnaire. Le conseiller peut attaquer l'arrêté devant le conseil de préfecture, et ensuite devant le conseil d'Etat, s'il prétend avoir le droit de continuer à siéger.

Le membre du conseil municipal qui, sans motifs reconnus légitimes par le conseil, a manqué à trois sessions consécutives (1), peut être déclaré démissionnaire par le Préfet ; mais dans les dix jours de la notification de l'arrêté, il a le droit de recourir au Conseil de préfecture pour faire apprécier le mérite de ses excuses.

---

au Préfet et à tous les électeurs de la commune. Voy. partie v, chap. 1er.

(1) Il ne suffirait pas d'avoir manqué à *trois séances de la même session.*

4

Du mode des Elections. Scrutin de Liste.

A la différence des élections législatives et départementales, les élections municipales se font au
scrutin de liste : chaque électeur vote pour autant
de candidats qu'il y a de conseillers à élire. Mais le
Préfet, en divisant une commune en sections électorales, a le droit de répartir les conseillers entre
les sections ; l'arrêté doit tenir compte du nombre
des électeurs inscrits, sans être tenu toutefois d'observer une proportion rigoureusement exacte. Il
doit être motivé, et indiquer les bases sur lesquelles est fondée la répartition.

La division en sections opérée par le Préfet est un
acte d'administration qui ne saurait être attaqué
par la voie contentieuse ; mais la répartition des
conseillers entre les sections peut devenir l'objet

d'un recours au ministre de l'Intérieur ou au conseil d'Etat, si elle n'a pas tenu compte du nombre des électeurs inscrits (Décret 31 janvier 1856).

5

De la distribution des listes de candidats.

Les règles relatives à la distribution des bulletins et à l'affichage des noms des candidats ont été exposées au chapitre V de la seconde partie où nous avons examiné avec étendue les questions générales qu'elles soulèvent. Nous prions nos lecteurs de vouloir bien s'y reporter.

Mais le scrutin de liste fait naître dans les élections municipales des questions particulières sur lesquelles nous ne devons laisser aucune ombre.

Rappelons encore une fois les principes qui dominent cette matière, et ne redoutons pas quelques répétitions pour ajouter à la clarté de notre examen.

Chaque citoyen peut, sans avoir aucune autorisation à demander ni aucune formalité à remplir, se porter candidat au Conseil municipal.

Mais celui qui a déposé sa signature au parquet jouit, pour produire sa candidature, de facilités spéciales : pendant les vingt jours qui précèdent l'élection, ses bulletins peuvent être distribués sans aucune autorisation.

Bien que les élections municipales se fassent au scrutin de liste, les candidats ne sont point tenus de faire un dépôt collectif, chacun d'eux peut déposer au parquet un bulletin portant son nom seul ou réuni à d'autres, quel qu'en soit le nombre.

De son côté, l'électeur inscrit librement sur son bulletin les noms qui ont fixé son choix. Les listes n'obligent personne ; chacun reste le maître de faire la sienne.

Mais les électeurs ont-ils le droit d'afficher et de distribuer des listes composées des noms qui leur conviennent? Cette question embarrasse beaucoup de personnes.

Deux hypothèses sont seules possibles.

Ou bien la liste comprend les noms d'un ou plusieurs candidats qui n'ont pas déposé leur signature au parquet ;

Ou bien tous les candidats qui y figurent ont rempli cette formalité.

Voyons d'abord le premier cas :

La liste sur laquelle se trouvent un ou plusieurs candidats qui n'ont pas fait le dépôt prescrit peut, sans aucune autorisation, être envoyée par la poste en aussi grand nombre d'exemplaires qu'on veut. la poste est tenue de les rendre fidèlement aux destinataires ; nul n'a le droit de saisir les bulletins dans ses bureaux, ni d'arrêter ses facteurs.

Mais cette liste ne peut être distribuée qu'avec l'autorisation du Préfet.

L'autorisation sera du reste très-facilement accordée ; le Préfet devra se conformer aux principes posés dans l'instruction ministérielle du 24 avril 1856 que nous avons rapportée en entier (1), et n'opposer un refus que dans les circonstances rares, excep-

(1) Voy. cette circulaire au chap. vi de la seconde partie intitulée du droit des électeurs de créer des candidatures.

tionnelles où il aurait à redouter un trouble ou un scandale public.

Arrivons au second cas :

D'abord, si tous les candidats ont déposé au parquet leurs signatures réunies, s'ils se sont inscrits sur la même liste, aucune difficulté ne peut s'élever sur la libre distribution.

Mais les électeurs peuvent-ils afficher et distribuer sans autorisation des listes composés de candidats qui ont déposé leurs signatures au parquet isolément ou sur des listes différentes.

Aucun doute, selon nous, ne devrait s'élever à cet égard.

En admettant, pour nous conformer à la jurisprudence, que les bulletins de vote soient des écrits, qu'est-ce que la loi défend ? C'est de distribuer sans autorisation les bulletins des candidats qui n'ont pas fait le dépôt exigé.

Nous supposons que tous les candidats ont rempli cette formalité.

Donc il n'est point défendu de distribuer les bulletins portant leurs noms.

Cette décision semble même la conséquence naturelle de la jurisprudence · selon la Cour de cassation, le droit de l'électeur, quant à la distribution des bulletins de vote, *n'est pas autre que celui du candidat lui-même, et peut s'exercer aux mêmes conditions.*

Le candidat qui a fait le dépôt prescrit peut, sans doute, faire distribuer des bulletins portant son nom seul.

Les électeurs ont donc le même droit.

Ce droit, ils peuvent l'exercer pour chacun des candidats.

Ils peuvent donc distribuer des bulletins portant le nom d'un seul candidat détaché d'une liste, ils peuvent en distribuer d'autres portant le nom d'un second candidat pris sur une liste différente.

Leur contestera-t-on le droit d'unir les deux bulletins? Voilà à quelle misérable difficulté on se trouverait pourtant réduit.

Nous pensons donc que du moment où il s'agit de candidats qui ont déposé leur signature au parquet, les électeurs peuvent, pendant les vingt jours qui précèdent l'élection, faire imprimer, afficher, distribuer des listes composées des noms qui leur conviennent, sans aucune autorisation, même à l'insu ou contre le gré de ceux qui sont portés sur ces listes.

Nous devons dire toutefois que la question ne nous paraît pas nettement tranchée par la cour de cassation et que l'on pourrait même tirer de son arrêt quelques arguments en faveur de l'opinion contraire, suivant laquelle les bulletins déposés au parquet pourraient seuls être distribués librement, sans qu'on pût apporter le moindre changement à la liste qu'ils contiennent.

Dans ce système, chaque candidat devrait déposer au parquet sa signature sur chacune des listes où il consent à être porté, et le droit des électeurs se trouverait subordonné à ses convenances.

Terminons par une remarque importante :

Ceux qui se font les promoteurs d'une liste peuvent toujours y inscrire moins de noms qu'il n'y a de conseillers à élire.

Si donc des citoyens se voyaient, faute de quel-

ques signatures, interdire la libre distribution
d'une liste, ils auraient un moyen bien simple, ce
serait de distribuer une liste incomplète, elle offri-
rait des chances de succès d'autant plus grandes,
que les autres électeurs ne s'entendraient pas
pour ajouter les mêmes noms.

6

Des causes qui donnent lieu aux élections municipales.

Tous les cinq ans les électeurs sont appelés à renouveler intégralement les conseils municipaux; un
décret détermine l'époque des élections. En 1855,
le décret portait qu'elles auraient lieu du 14 juillet au
15 août; en 1860, les élections ont été fixées aux 18
et 19 août pour toutes les communes de la France.

La dissolution d'un conseil municipal n'est plus
aujourd'hui la cause nécessaire d'une élection nou-

velle. Ici, comme sur beaucoup d'autres points du
droit public, les dispositions de la loi reflètent
fidèlement l'esprit des diverses époques : Sous le
gouvernement de juillet, le roi était obligé de fixer,
par l'ordonnance même de dissolution, le jour
de la réélection du conseil et ne pouvait la renvoyer à plus de trois mois; le droit resta le même
sous la république; puis le délai de la nouvelle
élection fut porté à un an par la loi du 7 juillet
1852 ; enfin la loi de 1855 autorise l'administration
à maintenir la Commission qu'elle a nommée
jusqu'à l'expiration de la période quinquennale.

La troisième cause qui peut donner lieu à une
élection municipale résulte des vacances qui se produisent dans le sein du conseil; mais l'administration n'est obligée de faire procéder à une élection nouvelle que lorsque le conseil se trouve réduit
aux trois quarts de ses membres (1).

---

(1) Nous pensons qu'en général le préfet ne devra point attendre pour convoquer les électeurs, que le conseil municipal
ait perdu le quart de ses membres; les intérêts de la commune
pourraient se trouver gravement compromis.

Aux termes de l'art. 17 de la loi du 5 mai, un conseil munici-

Mais si des élections municipales sont annulées en tout ou en partie, les électeurs doivent être convoqués dans un délai qui ne peut excéder trois mois.

Nous pensons que même pour les élections municipales, l'arrêté qui convoque les électeurs doit être promulgué vingt jours au moins avant la réunion des colléges.

7

Des opérations électorales.

Le scrutin est ouvert le samedi et le dimanche dans les communes de 2,500 habitants et plus, et le dimanche seulement dans celles d'une popula-

---

pal peut valablement délibérer lorsque la majorité des membres *en exercice* assiste à la séance.

Supposons un conseil composé de vingt sept membres dans lequel il y ait six vacances, le nombre des membres en exercice se trouve réduit à vingt-un, et la présence de onze conseillers suffit pour rendre les délibérations valables, en sorte qu'une majorité composée de six voix pourra décider des intérêts d'une ville de 30,000 âmes.

tion moindre. La loi ne fixe pas comme pour les élections législatives et départementales, l'heure de l'ouverture et celle de la clôture du scrutin, le préfet peut les déterminer dans l'arrêté de convocation, ou bien laisser au maire le soin de prendre un arrêté à cet égard, mais le scrutin doit rester ouvert chaque jour pendant trois heures au moins.

L'heure de l'ouverture et celle de la clôture du scrutin doivent être annoncées à l'avance par une publication ; elles ne peuvent être fixées de manière à empêcher un certain nombre d'électeurs de prendre part aux opérations.

Les conseillers municipaux ne sont pas appelés à remplir les fonctions d'assesseurs ; ils se trouvent trop directement intéressés dans les opérations de l'assemblée ; ce sont les deux plus âgés et les deux plus jeunes des électeurs présents à l'ouverture de la séance, sachant lire et écrire, qui, avec le président, doivent composer le bureau.

Pour être élu conseiller municipal au premier tour de scrutin il faut obtenir un nombre de suffrages qui représente la majorité absolue des votants et le quart au moins des électeurs inscrits. Au second tour de scrutin, l'élection a lieu à la majorité relative, quel que soit le nombre des votants.

Le second tour de scrutin est renvoyé de droit au samedi et au dimanche suivants. Toutefois, dans les communes qui ont moins de 2500 habitants, il peut avoir lieu le jour même, mais il faut que les électeurs soient immédiatement prévenus par une publication nouvelle et si un grand nombre d'entre eux avaient ignoré qu'on procédât à un second scrutin, l'élection devrait être annulée.

Les bulletins sont valables bien qu'ils contiennent plus ou moins de noms qu'il n'y a de conseillers à élire, mais les noms inscrits au delà du nombre fixé ne sont pas comptés.

Si dans l'intervalle des deux tours de scrutin, des conseillers élus au premier tour viennent à donner leur démission, ou si leur élection est annulée, il faut, pour les remplacer, procéder à une élection séparée qui comporte deux tours de scrutin.

CINQUIÈME PARTIE

SANCTION DE LA LIBERTÉ ÉLECTORALE.

CINQUIÈME PARTIE

SANCTION DE LA LIBERTÉ ÉLECTORALE.

Nous avons parcouru toutes les phases de l'élection depuis le moment où les candidatures com-
mencent à se produire jusqu'au recensement des
votes qui termine les opérations, nous avons mis
en lumière, autant qu'il a dépendu de nous, les
droits des électeurs et des candidats, les moyens
légaux d'action qui leur sont offerts et toutes les
garanties dont la loi environne la liberté et le secret des votes, en un mot la sincérité de l'élection.

En exposant ces droits et ces garanties nous
avons cherché à prévoir les atteintes qui pour-

10.

raient y être portées et indiqué les conséquences
qui en résultent au point de vue de la nullité de
l'élection.

Mais il faut bien se garder de croire que ces conséquences puissent jamais se produire d'elles-mêmes
et de plein droit, au milieu du silence et de l'inac-
tion générales ; les irrégularités, les fraudes même
les plus coupables eussent-elles été commises, si
personne ne proteste, comment l'élection pourrait-
elle être annulée; si nul ne dénonce les coupables,
comment seraient-ils punis ?

Un homme s'empare d'un champ par ruse ou par
violence; si injuste que soit sa possession, elle dure
aussi longtemps qu'aucune contestation ne s'é-
lève.

Il en est de même dans les élections, il en est de
même partout; si la loi a été violée, il faut que quelqu'un réclame et qu'un juge prononce; la justice
ne règne que là où on l'appelle et ne protége que
ceux qui l'invoquent.

Il ne suffit donc pas que les électeurs connaissent
leurs droits et les lois qui les ont consacrés il faut

qu'ils sachent faire respecter ces droits et qu'ils n'hésitent pas au besoin à les revendiquer énergiquement.

Les dispositions légales qui protégent la liberté et la sincérité des élections, reçoivent une double sanction :

1º Leur violation peut entraîner la nullité de l'élection ;

2ºLes attentats à la liberté des électeurs et les fraudes commises dans les opérations électorales constituent des délits et rendent leurs auteurs passibles de pénalités sévères.

Nous allons examiner dans les deux chapitres suivants :

Les causes de nullité de l'élection ;

La répression des délits.

CHAPITRE PREMIER.

DES DEMANDES EN NULLITÉ D'ÉLECTION.

Des causes de nullité de l'élection et comment elles s'apprécient. — De la vérification des pouvoirs des députés au Corps législatif. — Des réclamations contre les élections départementales et municipales.

1

Des causes de nullité de l'élection et comment elles s'apprécient.

On comprend combien sont nombreuses et variées les causes qui peuvent donner lieu à la nullité d'une élection.

Les unes sont relatives à la personne du candidat élu ; il arrive quelquefois qu'il ne réunit pas les conditions d'éligibilité exigées par la loi.

Les autres résultent des irrégularités qui ont pu être commises ou des manœuvres coupables auxquelles on aurait eu recours ; nous en avons signalé un grand nombre. On peut dire d'une manière générale que toutes les atteintes portées à la libre manifestation des candidatures et à l'égalité qui doit exister entre elles, à la liberté des électeurs et au secret des votes qui protége cette liberté, toutes les irrégularités de nature à diminuer les garanties dont la loi environne la sincérité de l'élection, toutes les fraudes commises dans l'émission des votes et le dépouillement du scrutin peuvent devenir des causes de nullité de l'élection.

Mais, pour que cette nullité soit prononcée, il ne suffit pas que les faits soient établis, il faut de plus qu'ils aient pu exercer quelque influence sur le résultat.

La jurisprudence parlementaire et la jurisprudence du conseil d'Etat ont toujours été d'accord sur ce point.

Les influences qu'une fraude, une manœuvre coupable, ou une irrégularité ont exercées sur l'élection ne sauraient être calculées d'une manière mathématique; il n'est donc point nécessaire de prouver qu'elles ont modifié le résultat, il suffit d'établir que ce changement a pu avoir lieu.

Mais dans le calcul, les conséquences possibles doivent être portées à leurs extrêmes limites.

Quelques exemples vont nous rendre la chose sensible :

Supposons que dans une élection municipale, le scrutin ait été fermé avant l'heure. Il faudrait compter aux candidats qui ont eu la minorité les voix de tous les électeurs qui n'ont pas voté, et l'élection serait annulée si cette addition changeait le résultat.

Mais, si l'élection comprend une circonscription étendue, l'annulation des opérations d'une commune n'entraîne pas nécessairement la nullité de l'élection générale. Prenons un autre exemple :

Supposons que dans l'élection d'un conseiller général ou d'un député, les électeurs d'une commune aient voté à bulletins ouverts, ou qu'on ait eu recours à des moyens d'intimidation en faveur du candidat qui a obtenu la majorité. Les opérations seraient annulées ; mais, pour apprécier les conséquences de ces manœuvres sur l'élection générale, il faudrait raisonner ainsi : Si la liberté des électeurs était restée entière, ceux qui ont voté pour le candidat élu auraient peut-être donné leurs voix à l'un de ses concurrents, et ceux qui se sont abstenus auraient pu agir de même. Dès lors il faut retrancher au candidat élu toutes les voix qu'il a obtenues et compter l'unanimité des suffrages de la commune à chacun des autres candidats.

On opérerait de même pour toutes les communes ou des fraudes ont été commises, et on additionnerait les conséquences qu'elles ont pu produire.

C'est la majorité des suffrages qui constitue l'élection, il faut donc qu'une majorité incontestable et à l'abri de tout soupçon reste acquise à un candidat pour que l'élection soit validée.

2. — Comment s'apprécie l'influence exercée sur le résultat.

La juridiction électorale est une juridiction d'équité, elle prononce selon les circonstances, et les auteurs qui, à notre connaissance, ont traité ces questions, se sont bornés à rapporter des exemples ; cependant plusieurs difficultés se présentent avec un caractère de généralité et nous allons essayer d'indiquer quelques principes d'appréciation.

Les conséquences d'une irrégularité n'apparaissent pas toujours bien clairement, comment les déterminer ?

Si l'élection comprend une circonscription étendue, comment calculer si la majorité a pu se trouver changée ?

Quelle peut être l'étendue de la preuve exigée des réclamants ?

Les irrégularités présentent des caractères bien

différents. Il en est qui, par leur nature même, en-
lèvent à l'élection toute garantie et laissent un
doute complet sur la sincérité du résultat, tels sont
le vote à bulletins ouverts, le dépouillement à huis-
clos, l'enlèvement de l'urne électorale sans que les
scellés aient été apposés. La preuve de faits semblables suffit pour entraîner la nullité des opérations.

D'autres irrégularités n'ont par elles-mêmes
aucun effet appréciable; mais, en diminuant certaines garanties, elles peuvent faciliter des atteintes
à la sincérité de l'élection; par exemple : quelques-
uns des assesseurs ont été choisis contrairement
aux prescriptions de la loi, le bureau a procédé lui-
même au dépouillement dans un collége où il s'est
présenté plus de trois cents votants, la boîte du
scrutin a été fermée avec une seule serrure.

Il faut alors examiner si l'irrégularité a été re-
marquée, si elle a donné lieu à des réclamations, si
elle a pu faire naître des appréhensions de nature à
influencer les votes; il faut surtout se demander si
elle est le résultat d'une erreur, ou si elle a été com-

mise à dessein dans le but de faciliter une fraude.

Les réclamants ne doivent donc pas alors se borner à prouver l'irrégularité, ils doivent articuler toutes les circonstances qui rendent vraisemblable l'influence exercée ou la fraude.

Mais cette possibilité une fois établie, c'est à ceux qui défendent l'élection à montrer que les faits n'ont eu ni le but ni le résultat qu'on leur attribue; à défaut de cette preuve, la nullité doit être prononcée.

L'annulation des opérations de plusieurs communes peut entraîner la nullité d'une élection législative ; mais, lorsque la majorité se compte par milliers de suffrages , il serait difficile d'aller scruter les faits de chaque commune pour additionner les conséquences des irrégularités ou des fraudes. Comment donc prouver que la majorité a pu être déplacée par de coupables entreprises.

Certaines manœuvres, par leur nature même, offrent un caractère de généralité qui rend cette influence possible, telles seraient la publication de bruits calomnieux contre un candidat, la nouvelle répandue qu'il s'est désisté de sa candidature, des promesses de travaux publics ou de subventions sur le budget de l'État faites au département ou aux communes.

D'autres fois, ce sont les circonstances qui donnent à une fraude une présomption suffisante de généralité ; par exemple, la participation établie du candidat ou de l'administration départementale et la coïncidence de faits semblables sur des points différents de la circonscription.

La protestation doit non-seulement établir les fraudes, mais montrer qu'elles ont pu altérer le résultat ; c'est alors à ceux qui défendent l'élection à prouver que la majorité n'a pas été déplacée, et qu'en dehors de toutes les influences illégitimes, elle reste incontestablement acquise au candidat élu.

3. — De la preuve des griefs et des formes de la protestation.

Nous venons de déterminer l'étendue des justifications que doivent fournir les réclamants, mais il faut que leur protestation repose sur des faits précis et concluants. On conçoit que des allégations vagues et dénuées de preuves, indiquant d'une manière générale des fraudes et des irrégularités, sans rien spécifier, ne sauraient suffire pour mettre en doute la validité d'une élection. (Chambre des députés, 20, 21 et 22 aoû t1846.)

Les auteurs de la réclamation doivent donc indiquer nettement les faits qu'ils dénoncent, dire à quelle époque, en quel lieu ces faits se sont produits, citer les noms de ceux qui y ont pris part. Ils doivent enfin faire attester leur déclaration par le plus grand nombre possible de personnes et rechercher toutes les preuves à l'appui.

Ils n'oublieront pas que la nullité de l'élection dépend de l'influence exercée sur le résultat, et comme ils ne peuvent savoir ce qui s'est passé dans toutes les communes de la circonscription, ils feront bien de rendre leur réclamation publique, soit par les journaux, soit par des circulaires imprimées et envoyées par la poste, afin que les autres électeurs, apprenant que l'élection est attaquée, puissent joindre leurs protestations à celle qui s'est déjà produite.

L'importance d'une protestation se mesure au nombre et à la situation des électeurs qui l'ont formée, à la nature des faits, aux circonstances dans lesquelles ils ont eu lieu .

Pour justifier leurs griefs, les réclamants peuvent demander une enquête, mais c'est à eux d'en fournir les éléments en articulant des faits précis et positifs.

Vainement chercheraient-ils à obtenir une enquête sur des allégations générales et vagues ou dépourvues de toute justification. (Chambre des députés, 11 avril 1839.)

Si quelques-uns des faits dénoncés constituent des délits prévus par la loi, il ne faut pas hésiter à exercer des poursuites contre leurs auteurs. En s'abstenant, on semblerait redouter l'instruction judiciaire.

Les réclamations ne sont soumises à aucune forme, elles peuvent être contenues dans de simples lettres, ou devenir l'objet de mémoires im-

primés, qui, lorsqu'ils sont signés par un avocat, jouissent du bénéfice de la libre distribution.
(V. p. 84.)

Mais, pour ne laisser aucun doute sur leur in-
dividualité, les réclamants doivent en général faire
légaliser leurs signatures, ou même attester les faits
qu'ils dénoncent dans des déclarations reçues par
un notaire.

Les formes dans lesquelles les demandes en
nullité d'élection s'instruisent et sont jugées sont
très-différentes selon qu'il s'agit des élections législatives, ou des autres élections.

2

De la vérification des pouvoirs des députés au Corps
législatif.

L'assemblée qui vote les lois pouvait seule être
juge des pouvoirs de ses membres, elle exerce sur
leur élection un contrôle souverain, l'examen au-

quel elle se livre s'appelle vérification des pouvoirs.

On sait que le Corps législatif est divisé en plusieurs bureaux ; les bureaux se partagent les élections à vérifier, chacune d'elle devient l'objet d'un rapport au Corps législatif qui délibère en séance publique sur l'admission de chaque député.

Le bureau chargé de l'examen d'une élection recherche si elle a été régulière et loyale, il prend connaissance des procès-verbaux et des pièces ; si aucune plainte ne s'élève et ne laisse des doutes sur la sincérité de l'élection, il propose immédiatement l'admission du député élu.

Les protestations qui n'ont pas été consignées dans-les procès-verbaux doivent être adressées directement au Corps législatif, avant la vérification des pouvoirs.

L'élection peut être contestée par des électeurs, par les concurrents du député élu, ou d'office par d'autres députés.

Le bureau discute les faits et, s'il en est besoin, il recourt pour s'éclairer à tous les moyens d'instruc-

tion, il appelle devant lui le député dont l'élection
est attaquée et ses concurrents et reçoit leurs explications. Il recueille de toutes parts des renseignements, souvent il charge une commission de
se livrer à un examen approfondi. Le rapport de
la commission est discuté dans le bureau qui
lui-même nomme un rapporteur pour faire connaître le résultat de ses délibérations au Corps
législatif, et lui rendre compte de toutes les circonstances de l'élection.

La discussion s'ouvre immédiatement en séance
publique sur les conclusions du rapport ; le vote
est indivisible ; si complexes que soient les faits, il
ne porte que sur l'ensemble.

La Chambre agit dans la souveraineté de sa
juridiction, elle peut ajourner l'admission du député et prescrire de nouvelles mesures d'instruction,
par exemple ordonner une enquête sur tous les
faits qu'elle juge à propos d'éclaircir, même sur la
conduite de l'administration (1). La commission

(1) Voy. Chambre des députés, 9 avril 1839.

chargée de procéder à cette enquête à tous les pouvoirs du Corps législatif lui-même, elle a le droit d'appeler des témoins à déposer devant elle.

Le député dont l'élection est contestée peut la défendre devant le Corps législatif, mais ses concurrents non élus ne sont point admis à la séance publique. Ils fournissent ordinairement leurs explications dans des mémoires imprimés distribués à tous les députés.

La Chambre a le droit d'infliger un blâme aux faits qui ont porté atteinte à la loyauté de l'élection et aux auteurs de ces faits, quels qu'ils soient, simples particuliers ou fonctionnaires.

Le député qui aurait eu recours à des manœuvres déloyales ne peut éviter le débat en donnant sa démission, et se soustraire à la honte de voir son élection annulée.

3

Des réclamations contre les élections départementales
et municipales.

I.

Les conseils généraux, les conseils d'arrondissement et les conseils municipaux ne vérifient point
les pouvoirs de leurs membres; ces conseils ne
représentant que des fractions du pays ne pouvaient être investis d'une juridiction souveraine
sur les élections qui les ont formés. Le droit d'apprécier si elles sont régulières, devait être remis à
des juges chargés de faire respecter la loi.

L'élection de chaque conseiller n'est point l'objet
d'un examen préalable à son admission, cet examen
n'a lieu que s'il a été provoqué : tout candidat élu
a le droit de siéger dans le conseil, si la nullité de

son élection n'a pas été demandée dans les formes et dans les délais prescrits par la loi et prononcée par la juridiction compétente.

Toute demande en nullité d'élection départementale ou municipale devient donc l'objet d'une véritable instance soumise aux principes généraux, qui gouvernent les contestations ordinaires. Ainsi :

La juridiction compétente ne peut statuer sur la nullité d'une élection que lorsqu'elle a été régulièrement saisie, elle n'a point le droit d'évoquer l'affaire d'office.

Elle ne peut prononcer que sur les griefs articulés dans la réclamation.

Ses décisions doivent être motivées.

Elles sont soumises aux voies ordinaires de recours.

2. — Juridictions compétentes. — Division.

La loi du 5 mai 1855, ayant établi des règles nouvelles pour le jugement des réclamations formées contre les élections municipales, nous examinerons

la question de compétence séparément pour les
élections départementales, et pour les élections municipales.

**3. — Juridictions compétentes pour statuer sur la validité des
élections départementales.**

La juridiction compétente pour statuer sur les
demandes en nullité de l'élection d'un conseiller
général, ou d'un conseiller d'arrondissement varie
suivant la nature de la contestation.

La loi a voulu placer les droits électoraux sous la
garde des juges du droit commun. Si donc la demande en nullité se fonde *sur l'incapacité légale du
candidat élu*, elle doit être portée devant le tribunal civil de l'arrondissement (art. 52 de la loi du
22 juin 1833).

Ainsi toutes les questions qui touchent à l'état de
la personne, à la jouissance des droits politiques,
toutes les questions de parenté et de domicile appartiennent aux tribunaux.

D'autre part, le conseil de préfecture est compétent pour apprécier *tout ce qui est relatif aux formes et aux conditions de l'élection.*

Ainsi toutes les demandes en nullité fondées sur l'irrégularité des opérations, sur les fraudes, les intimidations, les manœuvres de toute nature qui ont pu vicier l'élection sont soumises à la décision du Conseil.

Jusque-là, ce partage de juridiction ne donne lieu à aucune difficulté.

Mais il est tout un ordre de questions dont le caractère indécis à fait naître les discussions les plus vives, ces questions se rapportent aux incompatibilités résultant de certaines fonctions.

Décider si un conseiller élu exerce des fonctions incompatibles avec son mandat, n'est-ce pas juger une question de *capacité légale?* Alors les tribunaux seuls sont compétents. Mais n'est-ce pas aussi bien vérifier *si les conditions de l'élection sont remplies?* C'est au conseil de préfecture qu'il appartient alors de statuer.

L'autorité judiciaire et l'autorité administrative ont tranché la difficulté, chacune à son profit; le

Conseil d'Etat et la Cour de Cassation refusent également de se déclarer incompétents lorsqu'ils ont été saisis d'une question d'incompatibilité (1).

Voyez entre autres décisions, Cassation 4 mars 1844; Conseil d'Etat 8 juin 1847.

Si la majorité dépend de l'attribution de bulletins réservés comme douteux, le conseil de préfecture peut, en faisant une attribution nouvelle, proclamer l'élection d'un autre candidat.

4. — Juridictions compétentes pour statuer sur la validité des élections municipales.

Depuis la loi du 5 mars 1855, toutes les demandes en nullité des élections municipales doivent être portées devant le Conseil de préfecture.

(1) Une circulaire du ministre de l'intérieur, du 4 juin 1846, constate cette divergence :

« La question de compétence entre les conseils de préfecture et
» les tribunaux, relativement aux questions d'éligibilité est tou-
» jours incertaine. . . . .
» . . . . . . Les réclamants s'adressent, tantôt au conseil de
» préfecture, tantôt aux tribunaux, sur des questions de même
» nature et il arrive, en général, que l'autorité qui est saisie la
» première, retient les affaires qui lui ont été déférées. »

Si la réclamation soulève une question d'état, le Conseil renvoie les parties à se pourvoir devant les tribunaux civils, et fixe un bref délai dans lequel la partie qui a élevé la question préjudicielle, devra justifier de ses diligences.

Nous avons vu qu'on appelle *questions d'état*, celles qui mettent en discussion l'état même de la personne, par exemple la jouissance ou la privation des droits civils et politiques, la qualité de citoyen français, celle de membre d'une famille.

Les tribunaux civils ne jugent ici qu'à titre préjudiciel ; Ils décident souverainement la question d'état, mais l'affaire revient au fond devant le Conseil de préfecture, seul compétent pour prononcer sur la validité de l'élection.

5. — Par qui la nullité de l'élection peut-elle être demandée.

Le droit de demander la nullité de l'élection appartient :

1° A tous les électeurs inscrits sur les listes de la circonscription où elle a eu lieu, qu'ils aient ou non pris part au scrutin.

Les membres du Bureau eux-mêmes peuvent demander la nullité des opérations qu'ils ont dirigées.

2° Au Préfet, l'ordre public est en effet intéréssé à l'annulation des élections irrégulières ou entachées de manœuvres coupables.

G. — Formes et délais de la demande en nullité.

Les électeurs peuvent faire consigner leur réclamation au procès-verbal, avec l'indication des faits sur lesquels elle s'appuie, ou bien la remettre par écrit au bureau pour qu'elle soit annexée ; mais, dans la crainte qu'elle ne reste inaperçue au milieu des énonciations du procès-verbal, ils feront bien de la renouveler dans la forme que nous allons indiquer.

Les électeurs peuvent aussi déposer leur réclamation dans les cinq jours qui suivent le jour de l'élection (1) savoir:

(1) Les électeurs qui ne font pas consigner leur réclamation au procès-verbal, devront veiller au moins à ce qu'il ne renferme

S'il s'agit d'élections départementales, au secrétariat de la sous-préfecture ou de la préfecture.

S'il s'agit d'élections municipales, au secrétariat de la mairie, de la sous-préfecture, ou de la préfecture.

Il leur est donné récepissé.

La réclamation doit être signée de ceux qui demandent la nullité de l'élection et contenir l'énoncé clair et précis des faits sur lesquels ils se fondent; il suffit d'un simple écrit sur papier libre.

La réclamation formée après l'expiration des cinq jours serait rejetée comme tardive, mais il est toujours permis d'adresser au Conseil de préfecture des pièces et des mémoires à l'appui d'une réclamation formée en temps utile. (Décrets du 13 février 1856 et des 31 mars et 7 avril 1859.)

Dans les élections départementales, la demande en nullité fondée sur l'incapacité du candidat élu,

---

pas d'énonciation contraire. (Voyez ce que nous avons dit à cet égard au chapitre des opérations électorales p. 162 et suiv.)

Au reste, le procès-verbal ne constate que ce qui se passe *dans le cours des opérations,* il ne fait aucune mention de ce *qui a pu arriver antérieurement.*

11.

doit être portée devant les tribunaux civils. Ils en sont saisis par un acte judiciaire postérieur au dépôt de la réclamation.

RÉCLAMATIONS FORMÉES PAR LE PRÉFET. **Nous** avons vu au chapitre des opérations électorales, qu'un double des procès-verbaux devait être transmis au préfet.

Le préfet peut demander la nullité de l'élection *dans les quinze jours qui suivent l'arrivée de ces procès verbaux à la Préfecture.*

Ce délai expiré, il n'est plus recevable et vainement voudrait-il exclure du conseil celui dont il a négligé d'attaquer l'élection.

7. — Quelles personnes ont qualité pour défendre à une demande en nullité d'élection, ou pour intervenir dans l'instance.

Le candidat dont l'élection est attaquée est le premier intéressé à la défendre ; si la réclamation est portée au conseil de préfecture, il peut fournir ses défenses par écrit; si elle est portée devant les tribunaux, il doit être mis en cause et se trouve partie au procès.

Tous les électeurs ayant le droit d'attaquer une élection, ont également le droit de la défendre ; ils peuvent donc intervenir, que la nullité soit demandée par le préfet ou par d'autres électeurs.

Le préfet n'a point qualité pour défendre la validité d'une élection attaquée par les électeurs, il ne peut à aucun titre intervenir dans l'instance.

8. — Instruction et jugement des réclamations.

On ne saurait trop répéter aux personnes étrangères aux notions du droit, que lorsqu'elles élèvent une réclamation, ce n'est point à la justice à rechercher la preuve des faits qu'elles invoquent, mais à elles de la fournir et que des allégations sans preuve restent aussi sans résultat.

Les citoyens qui demandent la nullité d'une élection, doivent donc rechercher avec soin tout ce qui peut justifier leurs griefs, recueillir des signatures

et des attestations, accumuler enfin des renseignements de toute espéce. Ils ne doivent pas se borner
à articuler quelques faits particuliers à une commune, mais s'enquérir de tous ceux qui ont pu se
passer dans la circonscription électorale.

(Voyez ci-dessus le paragraphe intitulé : des causes
de nullité de l'élection et comment elles s'apprécient.

La demande en nullité portée devant les tribunaux est jugée sommairement et toutes affaires
cessantes ; un des membres du tribunal présente le
rapport de l'affaire, les électeurs qui ont élevé la
réclamation et le conseiller dont l'élection est attaquée, peuvent présenter eux-mêmes leurs moyens,
ou les faire soutenir par un avocat, le ministère
public est entendu et le jugement rendu en la
forme ordinaire.

Le conseil de préfecture juge les demandes en
nullité d'élection sur les pièces et les documents qui
lui ont été remis ; les parties ne sont point appelées
devant lui ; mais il peut procéder à une enquête sur
les faits qui lui ont été dénoncés.

Il doit statuer dans le mois qui suit la réception

des pièces à la préfecture et ne peut proroger ce délai, pour quelque cause que ce soit ; le mois expiré, il se trouve dessaisi de plein droit, la décision qu'il rendrait alors serait annulée pour excès de pouvoir, c'est au conseil d'État qu'il appartiendrait d'en prononcer la nullité (Décret 16 mars 1859).

La réclamation sur laquelle le Conseil de préfecture n'a pas statué dans le mois est considérée comme rejetée, les voies ordinaires de recours sont alors ouvertes. Si donc, le Préfet refusait de soumettre une demande en nullité d'élection au conseil de préfecture, les réclamants devraient attendre l'expiration du mois et se pourvoir au conseil. d'État.

9. — **Des** voies de recours contre les décisions rendues sur les demandes en nullite.

Lorsque la demande en nullité a été portée devant les tribunaux, on peut appeler du jugement à la Cour impériale et ensuite se pourvoir en cassation contre l'arrêt.

L'appel doit être notifié dans les dix jours à la partie adverse, quelle que soit la distance des lieux.

A la Cour d'appel et à la Cour de cassation la cause est jugée sommairement, comme affaire urgente, sur le rapport d'un des membres de la Cour et après les conclusions du ministère public (art. 52, loi 1833 et 33, loi 19 avril 1831).

Si la demande en nullité a été jugée par le Conseil de préfecture, le recours contre sa décision est ouvert devant le Conseil d'État. Il doit être enregistré au secrétariat de la section du contentieux dans le délai de trois mois à partir du jour ou les réclamants ont eu connaissance de l'arrêté du Conseil de préfecture, soit par la notification qu'ils en ont reçue, soit de toute autre manière. Ce délai expiré, le recours serait déclaré non recevable (Décret 11 février 1857).

Les réclamants qui déposent leur recours à la préfecture doivent donc veiller à ce que les pièces soient envoyées en temps utile. Ils peuvent aussi les adresser directement au Conseil.

Le Conseil d'État ne peut statuer sur des chefs de

réclamation qui n'ont pas été produits devant le Conseil de préfecture (Décret 31 janvier 1856).

Lorsqu'un avocat au conseil a été constitué, le recours est jugé en séance publique.

10. — Quelles personnes ont qualité pour recourir au Conseil d'État, interjeter appel, se pourvoir en cassation.

Si l'arrêté du Conseil de préfecture a maintenu l'élection attaquée, les électeurs ou le préfet qui ont formé la demande en nullité ont seuls le droit de recourir au Conseil d'État (Décret 9 mars 1859).

Si l'arrêté a annulé l'élection, le recours peut être formé par le conseiller élu; il est également ouvert à tous les électeurs de la circonscription, c'est leur œuvre commune qui se trouve en effet atteinte.

Le préfet n'a point le droit d'attaquer devant le Conseil d'État la décision qui annule une élection.

Lorsque la demande en nullité a été portée devant les tribunaux, les mêmes règles s'appliquent pour décider quelles personnes ont le droit d'interjeter appel ou de se pourvoir en cassation.

Exemption des frais.

Les demandes en nullité d'élection, qu'elles soient jugées par l'autorité administrative ou par l'autorité judiciaire, sont exemptées de tous les frais ordinaires de justice.

Tous les actes judiciaires sont enregistrés gratis.

Le pourvoi en cassation est dispensé de toute consignation d'amende.

Le ministère des avoués n'est pas exigé devant les tribunaux et les cours impériales.

A la Cour de cassation et au Conseil d'État, le ministère d'un avocat au Conseil est purement facultatif; les parties sont libres d'y recourir si bon leur semble pour faire soutenir leurs moyens.

Cette exemption de frais résulte de l'art. 52 de la loi du 22 juin 1833, de l'art. 33 de la loi du 19 avril 1831 et de l'art. 45 de la loi du 5 mai 1855.

CHAPITRE II.

DES DÉLITS COMMIS DANS LES ÉLECTIONS.

1

La loi ne devait pas se borner à proclamer et à garantir la liberté et la sincérité de l'élection, elle devait les protéger par une sanction pénale contre les coupables manœuvres dans lesquelles on cherche trop souvent le succès.

Le décret organique reproduisant les dispositions

de la loi électorale de 1849 s'est attaché à prévoir
et à frapper de pénalités sévères l'usurpation des
droits électoraux, les intimidations, les manœuvres
coupables, la corruption, les fraudes qui altèrent le
résultat, les violences qui troublent les opérations.

Mais en dehors de ces actes, qui ont pour but direct de fausser le scrutin, l'élection peut devenir
l'occasion de délits de toute nature contre les personnes. Chacun sait comment l'injure, la diffamation, les violences sont réprimées par la loi; nous
nous bornerons donc à rapporter les dispositions
moins connues, qui punissent les abus d'autorité
commis par les fonctionnaires et les agents de la
force publique.

Jusqu'ici le Gouvernement a cru devoir intervenir
officiellement dans les élections, il a invité ses
agents à user de toute leur influence en faveur de
ses candidats; mais sa volonté bien formelle est que
ses agents se bornent à des conseils. à des recom-
mandations qui ne portent aucune atteinte à la liberté des citoyens. Le Gouvernement s'empresserait
de désavouer et de punir ceux qui se permettraient

d'exercer en son nom des intimidations ou des fraudes.

Chaque électeur a le droit de dénoncer les délits de toute nature dont il a connaissance, èt de poursuivre les coupables, quels qu'ils soient, devant les tribunaux correctionnels ; il a donc ainsi tous les moyens de faire respecter, non-seulement sa propre liberté, mais celle des autres électeurs, et ici encore la sincérité de l'élection se trouve placée sous la garde commune de tous les citoyens. Mais la même réflexion se présente toujours : la protection de la loi reste vaine pour ceux qui ne veulent pas l'invoquer, et si personne ne les dénonce, les auteurs des plus coupables manœuvres recueilleront en paix les honneurs du triomphe qu'elles ont pu leur donner.

Sans doute, le ministère public peut poursuivre les coupables ; mais, pour les poursuivre, encore faut-il qu'il soit informé. Une des erreurs les plus fréquentes parmi les gens dépourvus d'instruction, c'est de croire que lorsqu'un fait est connu dans leur commune, l'administration, les tribunaux, le

Gouvernement lui-même doivent nécessairement en être instruits, et qu'ils autorisent ce qu'ils ne répriment pas.

Si bien renseignée que soit l'administration, son pouvoir ne va pas jusque-là, elle ne découvre que ce qu'on lui révèle, et lorsque, sur certain sujet, les uns sont intéressés à se taire et que les autres négligent ou craignent de parler, elle court grand risque de ne jamais rien apprendre.

Presque toujours, d'ailleurs, ceux qui cherchent à intimider les électeurs par des menaces, à les tromper par des bruits calomnieux, à capter leurs suffrages par de l'argent ou des promesses, ont soin d'éviter la publicité ; ils s'adressent isolément aux personnes dont ils veulent exploiter la crédulité ou la faiblesse ; ces précautions mêmes prouvent combien ils sentent le danger de leur conduite et portent en eux la crainte qu'ils cherchent à inspirer.

2

Pénalités destinées à garantir la liberté et la sincérité de l'élection.

Nous reproduisons ici les principales dispositions du titre 4me du décret organique sur les délits commis dans les élections et les articles 114, 184 et 186 du Code pénal qui répriment les attentats à la liberté et les abus d'autorité commis par les fonctionnaires, les officiers de justice, les agents de la police, les commandants de la force publique et les autres préposés du Gouvernement.

1. Titre IVe du décret organique des 2-21 février 1852.

Dispositions pénales (1).

Corruption.

ART. 38. Quiconque aura donné, promis ou reçu des deniers, effets ou valeurs quelconques, sous la con-

(1) Pour abréger nous n'avons pas reproduit plusieurs articles du titre IVe, ceux entre autres qui punissent l'usurpation des droits électoraux et le double vote.

dition soit de donner ou de procurer un suffrage, soit de s'abstenir de voter, sera puni d'un emprisonnement de trois mois à deux ans et d'une amende de cinq cents francs à cinq mille francs.

Seront punis des mêmes peines, ceux qui, sous les mêmes conditions, auront fait ou accepté l'offre ou la promesse d'emplois publics ou privés.

Si le coupable est fonctionnaire public, la peine sera du double.

Menaces et intimidations.

ART. 39. Ceux qui, soit par voies de fait, violences ou menaces contre un électeur, soit en lui faisant craindre de perdre son emploi ou d'exposer à un dommage sa personne, sa famille ou sa fortune, l'auront déterminé à s'abstenir de voter, ou auront influencé un vote, seront punis d'un emprisonnement d'un mois à un an et d'une amende de cent francs à mille francs ; la peine sera du double si le coupable est fonctionnaire public.

Manœuvres déloyales.

ART. 40. Ceux qui, à l'aide de fausses nouvelles, bruits calomnieux, ou autres manœuvres frauduleuses, auront surpris ou détourné des suffrages, déterminé un ou plusieurs électeurs à s'abstenir de voter, seront punis d'un emprisonnement d'un mois à un an, et d'une amende de cent francs à deux mille francs.

Fraudes ayant pour but d'altérer le scrutin.

ART. 35. Quiconque étant chargé, dans un scrutin, de recevoir, compter ou dépouiller les bulletins contenant les suffrages des citoyens, aura soustrait, ajouté ou altéré des bulletins, ou lu un nom autre que celui inscrit, sera puni d'un emprisonnement d'un an à cinq ans et d'une amende de cinq cents francs à cinq mille francs.

ART. 36. La même peine sera appliquée à tout individu qui, chargé par un électeur d'écrire son suffrage, aura inscrit sur le bulletin un nom autre que celui qui lui était désigné.

ART. 47. La violation du scrutin faite, soit par les membres du bureau, soit par les agents de l'autorité préposés à la garde des bulletins non encore dépouillés, sera punie de la réclusion.

Entrée avec des armes dans la salle du scrutin, violences qui troublent les opérations.

ART. 37 L'entrée dans l'assemblée électorale avec armes apparentes est interdite. En cas d'infraction, le contrevenant sera passible d'une amende de seize à cent francs.

La peine sera d'un emprisonnement de quinze jours à trois mois et d'une amende de cinquante francs à trois cents francs si les armes étaient cachées.

ART. 41. Lorsque, par attroupements, clameurs ou démonstrations menaçantes, on aura troublé les opérations d'un collége électoral, porté atteinte à l'exercice du droit électoral ou à la liberté du vote, les coupables seront punis d'un emprisonnement de trois mois à deux ans, et d'une amende de cent francs à deux mille francs.

ART. 42. Toute irruption dans un collége électoral consommée ou tentée avec violence, en vue d'empêcher un choix, sera punie d'un emprisonnement d'un an à cinq ans, et d'une amende de mille francs à cinq mille francs.

ART. 43. Si les coupables étaient porteurs d'armes, ou si le scrutin a été violé, la peine sera la réclusion.

ART. 45. Les membres d'un collége électoral qui, pendant la réunion, se seront rendus coupables d'outrages ou de violences, soit envers le bureau, soit envers l'un de ses membres, ou qui, par voies de fait ou menaces, auront retardé ou empêché les opérations électorales, seront punis d'un emprisonnement d'un mois à un an, et d'une amende de cent francs à deux mille francs.

Si le scrutin a été violé, l'emprisonnement sera d'un an à cinq ans, et l'amende de mille à cinq mille francs.

Art. 46. L'enlèvement de l'urne contenant les suffrages émis et non encore dépouillés sera puni d'un emprisonnement d'un an à cinq ans, et d'une amende de mille francs à cinq mille francs.

Si cet enlèvement a été effectué en réunion et avec violence, la peine sera la réclusion.

Prescription.

Art. 50. L'action publique et l'action civile seront prescrites après trois mois, à partir du jour de la proclamation du résultat de l'élection.

2. — Attentats à la liberté et abus d'autorité commis par les fonctionnaires, les officiers de justice, les agents de la police, les commandants de la force publique et autres préposés du Gouvernement.

Dispositions du Code pénal.

Article 114. Lorsqu'un fonctionnaire public, un agent ou un préposé du Gouvernement, aura ordonné ou fait quelque acte arbitraire, ou attentatoire soit à la liberté individuelle, soit aux droits civiques d'un ou plusieurs citoyens, soit à la Constitution, il sera condamné à la peine de la dégradation civique.

Si néanmoins il justifie qu'il a agi par ordre de ses supérieurs pour des objets du ressort de ceux-ci, sur lesquels il leur était dû obéissance hiérarchique, il sera exempt de la peine, laquelle sera dans ce cas, appli-

_quée seulement aux supérieurs qui auront donné l'ordre.

ART. 184. Tout fonctionnaire de l'ordre administratif ou judiciaire, tout officier de justice ou de police, tout commandant ou agent de la force publique, qui, agissant en sa dite qualité, se sera introduit dans le domicile d'un citoyen contre le gré de celui-ci, hors les cas prévus par la loi, et sans les formalités qu'elle a prescrites, sera puni d'un emprisonnement de six jours à un an, et d'une amende de seize francs à cinq cents francs, sans préjudice de l'application du deuxième paragraphe de l'article 114.

Tout individu qui se sera introduit à l'aide de menaces ou de violence dans le domicile d'un citoyen, sera puni d'un emprisonnement de six jours à trois mois, et d'une amende de seize francs à deux cents francs.

ART. 186. Lorsqu'un fonctionnaire ou un officier public, un administrateur, un agent ou un préposé du Gouvernement ou de la police, un exécuteur des mandats de justice ou jugements, un commandant en chef ou en sous-ordre de la force publique, aura, sans motif légitime, usé ou fait user de violences envers les personnes, dans l'exercice, ou à l'occasion de l'exercice de ses fonctions, il sera puni selon la nature et la gravité de ces violences, et en élevant la peine suivant la règle posée par l'article 198 ci-après.

3. — De la poursuite et de la preuve des délits.

L'électeur ou le candidat qui veut poursuivre les coupables peut les traduire directement devant le tribunal correctionnel; il peut aussi déposer une plainte au parquet du procureur impérial qui, avant d'agir, fait ordinairement procéder à une instruction judiciaire. La première voie devra, en général, être préférée comme plus rapide.

C'est aux électeurs à faire la preuve des faits qu'ils dénoncent; comment pourront-ils se la procurer? Les moyens dépendront des circonstances, mais pour quiconque sera fermement décidé à réprimer la fraude, la preuve sera toujours facile.

Il faut environner d'une surveillance habile les auteurs des entreprises coupables, s'arranger de façon que leurs discours soient entendus; il faut que les citoyens qu'ils ont voulu tromper reprennent avec eux, en présence de témoins, la conversation qui a été secrète, et les mettent ainsi dans l'alternative, ou de réitérer leurs menaces ou leurs

promesses, ou de dévoiler, en se rétractant. leur
mauvaise foi et leurs craintes.

Au reste, quand bien même les menaces et les
promesses n'auraient pas eu de témoins, la déposi-
tion de ceux à qui elles ont été adressées suffirait
pour assurer la condamnation des coupables.

Les poursuites contre les fonctionnaires publics,
pour des faits relatifs à leurs fonctions, sont inten-
tées dans la même forme et portées devant les
mêmes tribunaux, mais elles ne peuvent être suivies
qu'en vertu d'une autorisation dont il nous reste à
parler maintenant.

Cette autorisation est-elle toutefois nécessaire
pour poursuivre un fonctionnaire public qui a commis, dans l'exercice de ses fonctions, un des délits
prévus au titre ive *du décret organique?*

Aux termes de l'article 119 de la loi électorale du
15 mars 1849 : « Si le crime ou délit (prévu par la
» présente loi) est imputé à un agent du Gouverne-
» ment, la poursuite aura lieu sans qu'il soit besoin
» d'une autorisation préalable. »

Le titre vi^e de la loi de 1849 (art. 93 à 123), est devenu le titre iv⁰ du décret organique de 1852, quelques dispositions seulement n'ont pas été reproduites, au nombre se trouve l'art. 119; a-t-il donc cessé d'être en vigueur?

L'art. 52 du décret porte : « Les lois antérieu- » res sont abrogées, en ce qu'elles ont de contraire » aux dispositions de la présente loi. »

Mais on ne saurait trouver dans le décret aucune disposition contraire à celle de l'article 119.

La seule raison de douter viendrait donc du silence que garde le décret : on pourrait soutenir qu'il présente un système complet de répression et qu'en choisissant parmi les dispositions de la loi, il n'a voulu maintenir que celles qu'il a reproduites.

Cette objection pourrait être concluante si l'article 119 prononçait des pénalités, mais il contient une simple disposition de procédure, bien loin de déroger aux principes généraux, il replace les fonctionnaires sous l'empire du droit commun; rien n'indique que le décret ait voulu organiser un nouveau système d'instruction, et il nous semble difficile de prononcer des abrogations en dehors des cas prévus par l'art. 52.

Toutefois, la question ne s'est pas présentée et nous ne savons si cette opinion serait adoptée par la jurisprudence. D'ailleurs, l'art. 119 ne s'appliquerait qu'aux délits prévus par le décret organique, et les fonctionnaires publics peuvent, en abusant de leur autorité, commettre dans les élections beaucoup d'autres délits. Nous allons donc exposer tout ce qui est relatif à l'autorisation.

3

Mise en jugement des fonctionnaires publics.

Aux termes de l'art. 75 de la Constitution du 22 frimaire an VIII · « Les agents du Gouvernement » ne peuvent être poursuivis pour des faits relatifs » à leurs fonctions qu'en vertu d'une autorisation » du Conseil d'État. »

Cette disposition a survécu à tous nos changements politiques. Dans la pensée de la loi, elle a

pour but de protéger la liberté de l'administration,
d'empêcher que dans les luttes qu'ils ont à soutenir contre les intérêts privés, les agents du Gouvernement ne soient entravés par des procès conti-
nuels; enfin, d'assurer la séparation des pouvoirs
qu'on a craint de voir compromise, si l'autorité judiciaire était appelée à exercer un contrôle sur tous
les actes de l'autorité administrative.

Ces raisons nous serviront à bien comprendre le
caractère et la portée de la garantie constitutionnelle.

Voyons quelles personnes elle protége, à quels
actes elle étend sa protection.

1. — Quelles personnes ne peuvent être poursuivies sans autorisation.

La garantie constitutionnelle ne protége que LES
AGENTS DU GOUVERNEMENT. Toute personne revêtue
d'un caractère public, ou attachée à un titre quelconque au service de l'Etat, n'est donc point admise
à se prévaloir de cette garantie.

Par agents du Gouvernement, il faut entendre les fonctionnaires seuls qui sont dépositaires de son autorité, qui agissent directement en son nom et font partie de la puissance publique (1). Ainsi donc, les agents de la police ou de la force publique, les officiers de justice, les officiers et les commandants des armées de terre et de mer ne sont point des agents du Gouvernement. De nombreuses décisions leur ont refusé ce caractère, rapportons en quelques-unes à titre d'exemple.

On peut poursuivre directement et sans autorisation :

Les gardes champêtres. (Conseil d'Etat, 6 décembre 1852 et 19 novembre 1855. Cassation, 4 juin 1812.)

Les cantonniers, leurs brigadiers et leurs chefs.

Les sergents de ville et tous les agents de la police. (Cassation, 18 juillet 1835.)

Les gendarmes et les officiers de gendarmerie. (Conseil d'État, 27 février 1849 et 24 août 1857. Cassation, 21 août 1812.)

1) Cassation, 23 juin 1831.

Les officiers de l'armée, même en activité de service. (Cassation, 12 septembre 1807.)

Les officiers de la garde nationale. (Cassation, 5 mars 1835.)

On ne saurait davantage considérer comme agents du Gouvernement, et aucune autorisation n'est nécessaire pour traduire devant les tribunaux :

Les employés des bureaux des administrations publiques, par exemple, les secrétaires de mairies. (Conseil d'Etat, 9 janvier 1856.)

Les membres des conseils de fabrique. (Conseil d'Etat, 21 mars 1857. Cassation, 3 mai 1838.)

Les présidents des sociétés de secours mutuels. (Cassation, 13 mai 1859.)

Les membres des conseils municipaux. (Conseil d'Etat, 31 juillet 1853.)

Les membres du bureau d'un collége électoral. (Conseil d'Etat, 23 février 1856.)

Les officiers ministériels et les greffiers.

Toutes ces personnes ne pouvant, en aucun cas, se couvrir de la garantie constitutionnelle, il ne sera jamais nécessaire de rechercher si les faits qu'on leur impute sont relatifs ou étrangers à leurs fonctions.

Les juges, les procureurs impériaux et leurs substituts ne sont pas des fonctionnaires de l'ordre administratif; l'autorisation du Conseil d'Etat n'est donc point nécessaire pour les poursuivre, mais les art. 479 et 483 du Code d'instruction criminelle soumettent à des règles spéciales les poursuites contre les magistrats.

Les dispositions de l'art. 483 s'appliquent également aux officiers de police judiciaire, lorsqu'ils ont agi dans l'exercice de leurs fonctions.

2. — Pour quels faits l'autorisation est nécessaire.

C'est bien moins à la personne du fonctionnaire qu'à la fonction elle-même que la garantie est accordée; pour que l'autorisation soit nécessaire, il faut que les faits qui donnent lieu à la poursuite se rattachent par un lien direct à l'exercice de la fonction, que l'autorité confiée à l'agent soit devenue l'instrument du délit. « C'est l'abus du pouvoir administratif que la loi a voulu réserver à l'appréciation de l'administration (1). »

On voit donc que si des agents du Gouvernement se rendent coupables des délits prévus par la loi électorale, ces délits ne seront presque jamais relatifs à leurs fonctions. Supposons, par exemple, qu'un percepteur, un receveur de l'enregistrement, un contrôleur des contributions, un fonctionnaire des ponts et chaussées ou des eaux et forêts, cherche à intimider ou à corrompre des électeurs ; quel rapport pourrait-il y avoir entre ces entreprises coupables et les fonctions dont il est chargé ?

Le maire ou le commissaire de police qui répandraient des bruits colomnieux sur un candidat, qui détourneraient des suffrages par de l'argent ou des promesses, ne pourraient davantage prétendre que de telles manœuvres rentrent dans leurs attributions.

Il en serait de même si le maire ou le commis-

(1) Faustin Hélie, *Théorie du Code pénal.*

saire de police exerçaient une intimidation sur des
citoyens, s'ils menaçaient, par exemple, un électeur de le faire arrêter; cette menace sort du cercle
de leurs pouvoirs; ils ne pourraient l'exécuter sans
devenir coupables. Le Conseil d'Etat a bien des fois
décidé que le maire ou le commissaire de police qui
commet un attentat à la liberté, qui procède à une
arrestation arbitraire, qui viole le domicile d'un
citoyen pour se livrer à une perquisition illégale,
agit en dehors de ses fonctions d'agent du Gouvernement, et qu'aucune autorisation n'est nécessaire
pour le poursuivre. (Voyez Conseil d'Etat, 28 août
1854, 11 novembre 1856, 1er août 1857, 24 août
1857, 13 novembre 1859.)

Un maire poursuivi pour des faits relatifs aux
élections ne pourrait invoquer la garantie constitutionnelle que s'il avait abusé de son pouvoir administratif; par exemple, s'il avait promis à un
électeur un des emplois que peut donner la commune, s'il avait menacé les employés de la mairie
de les destituer, les habitants d'un quartier de ne
pas faire exécuter des travaux qui leur sont utiles

Le maire et le commissaire de police exercent des fonctions de diverses natures ; ils ne sont pas seulement agents du Gouvernement, ils sont aussi officiers de police judiciaire (1) ; lorsqu'ils agissent en cette qualité, ils peuvent invoquer les dispositions de l'art. 483 du Code d'instruction criminelle ; le citoyen qui veut exercer contre eux des poursuites, doit alors adresser sa plainte au procureur général qui les fait citer directement devant la cour.

Mais le maire ou le commissaire de police qui, dans le but d'influencer une élection, procéderait à une arrestation arbitraire ou violerait le domicile d'un citoyen, ne pourrait point prétendre qu'il a agi en qualité d'officier de police judiciaire.

(1) Le maire a quatre ordres de fonctions bien distincts. Il est :
Représentant du pouvoir central ;
Administrateur de la commune ;
Officier de police judiciaire ;
Officier de l'état civil.
Le Conseil d'État et la Cour de cassation décident aujourd'hui, que même, dans la gestion des intérêts de la commune, le maire est agent du Gouvernement. Cette jurisprudence peut être très-sérieusement contestée, et la Cour de cassation elle-même avait d'abord adopté l'opinion contraire soutenue par M. Faustin Hélie.

Le fonctionnaire poursuivi pour un délit de droit commun est présumé avoir agi comme simple particulier ; c'est à lui de prouver que le fait est relatif à ses fonctions. Le tribunal saisi de la plainte est compétent pour trancher la question et décider en conséquence si l'autorisation est nécessaire. (Cassation, 16 décembre 1856.)

3. — Autorité compétente pour accorder l'autorisation.

En principe, c'est au Conseil d'État qu'il appartient d'accorder l'autorisation nécessaire pour poursuivre un fonctionnaire public. Toutefois, plusieurs dérogations ont été apportées à la disposition de l'an VIII.

Ainsi les agents de l'administration de l'enregistrement et des domaines, ceux de l'administration des postes, ceux de l'administration des forêts, à l'exception des conservateurs, peuvent être poursuivis avec l'autorisation du directeur général de leur administration.

Les préfets peuvent ordonner ou autoriser des poursuites contre les percepteurs des contributions.

Si le directeur général ou le préfet refuse d'accorder l'autorisation, on peut se pourvoir contre sa décision au Conseil d'État.

Enfin, depuis la loi du 28 avril 1816, les agents des contributions indirectes et des octrois peuvent être poursuivis sans aucune autorisation pour les faits relatifs à leurs fonctions.

4. — Dans quelles formes l'autorisation doit être demandée.

Le citoyen qui veut poursuivre un fonctionnaire public doit d'abord saisir le tribunal de sa plainte en la déposant au parquet, ou en citant directement le fonctionnaire. Le Conseil d'État rejette, sans les examiner, toutes les demandes d'autorisation qui ne sont pas précédées d'une plainte ou d'une information judiciaire.

Le plaignant demande ensuite l'autorisation nécessaire pour continuer les poursuites.

Cette demande ne peut être formée par la voie contentieuse, elle est transmise au Conseil d'Etat par le préfet ou par le procureur impérial, ou adressée directement au secrétariat du Conseil.

Avant que l'autorisation n'ait été accordée, le fonctionnaire ne peut être mis en prévention ; aucun mandat ne peut être décerné contre lui, mais on procéde à l'instruction de l'affaire, les témoins sont entendus, le plaignant et le fonctionnaire peuvent fournir toutes les explications et toutes les pièces qu'ils jugent utiles.

Cette information préalable est transmise au Conseil d'Etat ; s'il existe des présomptions suffisantes que le fonctionnaire ait commis le délit qui lui est imputé, l'autorisation est accordée et l'affaire continue en la forme ordinaire.

Lorsqu'un agent du Gouvernement est poursuivi pour deux délits dont un seul est relatif à ses fonctions, la poursuite est suivie sur l'autre délit, sans attendre le résultat de la demande en autorisation.

Lorsque l'autorisation a été refusée, le fonction-

naire ne peut porter plainte en dénonciation ca-
lomnieuse contre celui qui a voulu le poursuivre ;
ce serait provoquer une enquête sur des faits qu'on
a voulu couvrir d'un voile, et appeler les tribunaux
à faire une appréciation qui ne leur a pas été
permise.

FIN.

APPENDICE

AU CHAPITRE DE LA PRESSE.

———

Depuis que notre chapitre sur la presse était imprimé, la publicité des séances du Corps législatif et du Sénat a été étendue dans une large mesure. Cette réforme annoncée par le décret du 24 novembre a été inscrite dans la Constitution par le sénatus-consulte du 2 février dernier.

Les séances du Sénat et du Corps législatif sont aujourd'hui reproduites sous une double forme.

Les discours des orateurs recueillis par la sténographie sont insérés au journal officiel.

Un compte rendu abrégé est rédigé par des secrétaires placés sous l'autorité du président de chaque assemblée.

Les journaux ont le choix entre le compte rendu et la sténographie; toute autre reproduction leur est interdite.

C'est là un changement dont il ne faut pas méconnaître la portée. Les comptes rendus ne sont plus de froides analyses, ils sont l'expression vivante du débat; la communication se trouve rétablie entre les Chambres et l'opinion.

Cette communication n'est point toutefois entièrement libre; de regrettables restrictions y sont encore apportées.

La discussion d'un projet de loi doit être reproduite en son entier; quelle que soit l'importance relative des discours, le choix est interdit, et la longueur des comptes rendus oblige souvent les journaux à s'abstenir de publications qui leur deviennent onéreuses.

Cette obligation d'une reproduction intégrale équivaudrait presque à une interdiction, si elle était appliquée à la loi sur le budget. Et pourtant quelle discussion intéresse davantage le pays ?

Les députés eux-mêmes ne peuvent, sans une autorisation spéciale, faire imprimer séparément leurs discours.

Nous devons également rappeler ici la circulaire du 8 décembre dernier, dans laquelle M. de Persigny, ministre de l'intérieur, a exposé de nouveau, dans quel esprit le Gouvernement voulait user du pouvoir discrétionnaire que la loi lui attribue sur la presse. Cette déclaration signale un nouveau progrès dans la voie de la tolérance.

Il n'entre pas dans notre sujet d'examiner le rapprochement établi par le Ministre entre l'ancienne législation anglaise et la nôtre. La comparaison nous semble des moins heureuses ; si sévère que puisse être une loi, si sagement inspirée qu'on suppose une autorité arbitraire, l'abîme nous parait infranchissable entre elles.

FIN.

TABLE.

PREMIÈRE PARTIE.

2e PARTIE.

DE LA PUBLICITÉ ET DE LA DISCUSSION DES CANDIDA-
TURES.

FIN DE LA TABLE.

Imprimerie de BEAU, à Saint-Germain en Laye, rue de Paris, 80.

www.ingramcontent.com/pod-product-compliance
Lightning Source LLC
Chambersburg PA
CBHW032328210326
41518CB00041B/1584